Lust und Leidenschaft vor Gericht

*Falk van Helsing*

# *Lust & Leidenschaft vor Gericht*

**Die verrücktesten Fälle zum Thema Sex**

Eichborn

1 2 3 4 07 06


Umschlaggestaltung: Diana Lukas-Nülle
Lektorat: Oliver Thomas Domzalski
Redaktion: Christian Walther
Layout: Tania Poppe
Gesamtherstellung: Fuldaer Verlagsanstalt, Fulda

ISBN-10: 3-8218-4870-7
ISBN-13: 978-3-8218-4870-9



Verlagsverzeichnis schickt gern:
Eichborn Verlag, Kaiserstraße 66, 60329 Frankfurt am Main
www.eichborn.de

# Inhaltsverzeichnis

# Vorwort

Vor deutschen Gerichten fallen täglich die Hüllen. Pikante Details aus dem Intimleben der Beteiligten werden im kargen Neonlicht der Gerichtssäle der interessierten Öffentlichkeit preisgegeben. Dieses Buch versammelt kuriose Fälle aus der Rechtsprechung zu den Themen Liebe, Lust und Leidenschaft – von der Definition des *Fickens* über onanierende Richter bis zur *Busenwitwe* Tatjana Gsell.

Nun ist Sex aus Juristensicht einfach nur ekelerregend, widerlich und widernatürlich. Es sei denn, er findet in der Ehe statt und dient der Zeugung künftiger Rentenzahler. Über die Unzucht in deutschen Betten lassen sich die Richter höchst ungern aus. Wenn überhaupt, dann nehmen sie sich des Themas nur mit spitzen Fingern an. Unfreiwillig komisch sind dabei ihre staubtrockenen Beschreibungen lustvoller Vorgänge. Juristen können selbst den größten Schweinkram sachlich darstellen. Im gestelzten Juristendeutsch ist er dann nicht mehr schlüpfrig, sondern einfach nur noch zum Brüllen.

Die Urteile sind zudem eine Fundgrube für Anleitungen zu einem sittenreinen Lebenswandel, denn die Richter lassen es sich nicht nehmen, dem geneigten Rechtssuchenden moralische Belehrungen mit auf den Lebensweg zu geben.

Das Buch enthält Urteile von der seligen Kaiserzeit bis heute und ist damit ein Spiegel der gewandelten Moralvorstellungen im Lauf der Zeit. Vom Wichsen als damals *unzüchtiger Handlung an sich selber* bis zu den Stöhnfrauen im Wortbordell (Telefonsex) reicht der geschichtliche Abriss. Interessanterweise scheinen die Juristen stets die Letzten gewesen zu sein, die mitbekamen, dass die Welt sich verändert hat.

Die schönsten Passagen aus den Gerichtsurteilen werden im Wortlaut (kursiv gedruckt) wiedergegeben.

Eine fröhliche Lektüre wünscht Ihnen
Falk van Helsing

# 1. Wichsen führt zum Selbstmord

Die Selbstbefleckung ist aller Laster Anfang. Praktisch alle Vergewaltiger, Sodomisten und Pornosüchtige haben mal als kleine Masturbanten angefangen. Deshalb hatten die Richter für dieses unsittliche Verhalten bis vor einigen Jahrzehnten auch keinerlei Verständnis. Immerhin: Zu einigen Definitionen ließen sie sich herab.

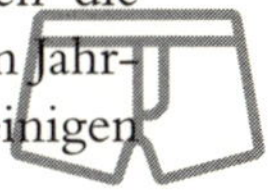

### Wichsen

*Onanieren liegt vor, wenn der Täter eine unzüchtige Handlung an sich selber vornimmt.* BGHSt 1 1951, S. 107

### Selbstbefleckung

Gewohnheitsmäßige Selbstbefleckung des Mannes stellt ein unsittliches Verhalten dar, auch wenn er dabei *unter einem unwiderstehlichen, psychologischen Zwang* gehandelt zu haben behauptet. Reichsgericht, Urteil v. 28.06.1909 – IV 86/09

### Eheliches Gurke-Rütteln

Kevin Spacey wusste in *American Beauty* schon, warum er sich nur heimlich unter der Dusche einen runterholt:

*Selbstbefriedigung verstößt gegen die Pflicht, die geschlechtliche Befriedigung zusammen mit dem Partner zu erleben und ihn daran teilhaben zu lassen.*

BGB-RGRK, BGB, 12. Aufl. 1984, § 1353, Rn. 38

## Onanierender Richter

In Frankreich hat sich ein Richter im Gerichtssaal während einer Verhandlung selbst befriedigt. Nach Aussage mehrerer Zeugen hat der Richter am Gericht von Angoulême während der Plädoyers der Anwälte seine Robe gehoben, die Hose aufgeknöpft und fleißig onaniert. Er wurde von seinem Amt entbunden. Das erscheint unverhältnismäßig hart, wenn man bedenkt, dass moderne Richter im Arbeitsalltag mit Diktiergeräten statt mit Protokollführerinnen vorliebnehmen müssen …

SPIEGEL ONLINE – 16. Oktober 2003

## Keine Aussicht auf Heilung

Ein Buch von 1925 über Sexualstraftaten kommt zu der alarmierenden Feststellung, dass Onanisten nicht selten *aus Ekel vor sich selbst* Selbstmord begehen:

*Es ist bekannt, daß kein Laster eine solche Verbreitung gefunden hat wie gerade die Onanie. Sie herrscht bei beiden Geschlechtern gleich stark, und sie wirkt auch bei beiden Geschlechtern in gleichem Maße ungünstig auf Geist und Körper, setzt die Charakterfestigkeit herab und demoralisiert immer mehr; dadurch aber trägt das Laster gewissermaßen das in sich selbst, was seine Fortdauer und Verschlimmerung bewirkt. Es versteht sich ganz von selbst, daß durch die Demoralisation und das Schwinden der Widerstandsfähigkeit schließlich jeder Halt verlorengeht, so daß die Opfer ihrer unheilvollen Leidenschaft auch beim besten Willen, und obwohl sie sich sogar übertriebenen Befürchtungen wegen der Folgen des Lasters hingeben, doch immer und immer wieder dem Übel verfallen. Die Aussicht auf eine wirkliche, d.h. dauernde Heilung ist deshalb auch sehr gering, und es fehlt keinesfalls an trüben Fällen, in denen die Opfer dieses Lasters aus Ekel vor sich selbst und aus Verzweif-*

*lung über ihre jämmerliche Charakterschwäche selbst ihrem Leben ein Ende gemacht haben.*

Rudolf Quanter, Die Sittlichkeitsverbrechen, 1925, S. 297

(Manchmal schreiben Onanisten aus Ekel vor sich selbst auch dicke Bücher über Sittlichkeitsverbrechen.)

## 2. Die Balz aus Juristensicht

Auch der unzüchtigste Verkehr beginnt mit der Kontaktaufnahme zum anderem Geschlecht. In diesem Kapitel dreht sich deshalb alles ums Flirten, Küssen und Fummeln.

### Rumkriegen auf Juristisch

Mädchen sind nach Vorstellung der Juristen grundsätzlich erst mal sittsam und unverdorben. Der natürliche Feind dieser Unbescholtenheit ist die Verführung. Diese bestand im früheren Strafrecht in der Verleitung eines Mädchens unter 16 Jahren zum Beischlaf, § 182 StGB a.F. Der Bundesgerichtshof bestimmte seinerzeit den Begriff der Verführung wie folgt:

*Die Annahme der »Verführung« wird durch die Feststellung getragen, daß der Angeklagte das Mädchen durch Erregung sinnlicher Begierde zum Beischlaf geneigt gemacht hat.*

BGH NJW 1951, S. 530

### Zungenküsse aus Sinneslust

Ein Mann gab einer 18-jährigen Frau gewaltsam drei kurze Zungenküsse. Der Bundesgerichtshof hatte damit noch 1963 kein großes Problem.

*Zungenküsse aus Sinnenlust sind nicht ohne weiteres unzüchtige Handlungen. Sie sind es in der Regel, wenn sie Kindern unter 14 Jahren oder von einem Manne einem anderen Manne gegeben werden. (…)*

*Unter diesen Umständen waren die Zungenküsse trotz der wollüstigen Absicht nur eine ungehörige handgreifliche Zudringlichkeit, die das allgemeine geschlechtliche Scham- und Sittlich-*

*keitsgefühl nicht in einem solchen Maße verletzte, daß eine unzüchtige Handlung im Sinne des § 176 Abs. 1 Ziff. 1 StGB vorläge.*
BGH NJW 1963, S. 597

**Kein Küsschen in Ehren ...**

Mittlerweile sind die Sitten aber strenger geworden. Teuer zu stehen kam einem 73-Jährigen aus Köln deshalb ein Kuss auf die Wange einer U-Bahn-Passagierin. Das Vergnügen kostete den Rentner 900 Euro (1760 DM). Einen entsprechenden Strafbefehl wegen Beleidigung auf sexueller Basis verhängte kürzlich das Amtsgericht Köln. *Komm Süße, lass dich küssen* – mit diesen Worten war der Rentner auf die 40-jährige Sekretärin zugetreten und hatte sie geküsst. Die Frau erstattete Strafanzeige. Solches Verhalten sei kein Kavaliersdelikt, sondern eher im Rotlicht-Milieu anzusiedeln, entschied der Richter.
AG Köln, JuS 2002, Heft 4, S. XXVIII

**Küssen verboten**

Eine verliebte Beifahrerin wurde verklagt, weil sie den Fahrer eines Pkw zum Austausch von Zärtlichkeiten animiert hatte. Durch ihr Liebeswerben wurde der Fahrer abgelenkt, fuhr bei Rot über eine Ampel und stieß auf einer Kreuzung mit dem Pkw des Klägers zusammen. Das Amtsgericht stellt fest, dass die Beifahrerin eine unerlaubte Handlung begangen hatte und dafür haftbar sei:

*Es kann keinem Zweifel unterliegen, daß ein derartiges Verhalten generell geeignet ist, einen Fahrer intensiv vom Verkehr abzulenken. Die Tatsache, daß der Zeuge unstreitig das Rotlicht der Ampelanlage übersah, trotz dieser Ampelschaltung in die Kreuzung einfuhr und dabei den Verkehrsunfall verursachte, geht darum nach dem Beweis des ersten Anscheins auf die von der Beklagten ausgehende Ablenkung zurück. Ohne diese Ablenkung wäre es aller Wahrscheinlichkeit nach nicht zu dem Unfall gekommen, so daß das Verhalten der Beklagten zumindest als mitursächlich für den Verkehrsunfall anzusehen ist.*

Dabei ging es der Beklagten doch nicht darum, den Fahrer vom Verkehr abzulenken – sondern eher um das Gegenteil.

AG Ibbenbüren ZfS 1992, S. 221

**Baggerparty**

Ich baggere, du baggerst, er baggert. So weit, so gut. Aber was ist eine Baggerparty? Das hatte das Oberlandesgericht Rostock zu klären. Es führt dazu aus:

*Zutreffend hat das Landgericht bereits festgestellt, und der Senat kann sich dem aus eigener Erkenntnis anschließen, daß die potenziellen jungen Diskothekenbesucher mit dem Begriff »Baggerparty« wegen der inzwischen allgemeinen Geläufigkeit des Begriffs »anbaggern« ohne Zweifel eine Kontaktaufnahme zum anderen Geschlecht assoziieren. Bei einer als »Baggerparty« angekündigten Veranstaltung erwartet das angesprochene Diskothekenpublikum eine Veranstaltung mit außerordentlich starkem Flirtcharakter, für die umgangssprachlich »baggern« üblich und geläufig ist.*

Interessant wäre zu erfahren, worauf die eigene Erkenntnis der OLG-Richter beruht. Besuchen sie etwa regelmäßig selbst Baggerpartys, die sich als Weihnachtsfeier der Angehörigen des mittleren Dienstes tarnen?

OLG Rostock NJW-RR 1990, S. 1349

## Grapschen

Die spannende Frage, ob das Betatschen der Brüste eines Mädchens eine sexuelle Handlung sind, veranlasste den Bundesgerichtshof zu diesen Ausführungen:

*Diese nahm er im Sommer 1981 in den Arm, betastete mit einer Hand ihre Brüste über der Bekleidung, »eine Zeitlang mit spürbarem Griff« und streichelte sie. Am 07.11.1981 umfaßte er das Mädchen mit dem Arm, »griff ihr mit einem spürbaren Griff oberhalb der Kleidung an eine Brust« und betastete diese »für einige Augenblicke«. Die Formulierungen »eine Zeitlang« und »für einige Augenblicke« deuten auf kurze Handlungen hin, die, da die über der Kleidung vorgenommenen Handlungen von geringer Intensität waren, das Erheblichkeitsmerkmal nicht ohne weiteres erfüllen (...). Nicht jede geschlechtsbezogene Handlung ist eine solche, die das Tatbestandsmerkmal »sexuelle Handlung« ausfüllt.*

BGH NStZ 1983, S. 553

## Lass uns kuscheln

Ein Mann legte sich halb nackt zu einer schlafenden Frau auf die Couch und begann sie zu streicheln. Als sie davon aufwachte, erklärte der Mann, sie habe ihm schon immer sehr gefallen und er möchte mit ihr schlafen. Das sah die Frau allerdings ganz anders. Das Oberlandesgericht Zweibrücken sprach den Mann aber vom Vorwurf der Beleidigung frei.

*Die Werbung des Angeklagten um die Zeugin, die unter seinem Ansinnen, mit ihr geschlechtlich zu verkehren, zu würdigen ist, stellt an sich noch keine Beleidigung dar. Mag sie auch schamlos, unverschämt und aufdringlich sein (...)*

*Vielmehr erscheint er durch seine Äußerungen, mit denen er die Zeugin seine Zuneigung versichert, wie durch Liebkosungen als*

*Werbender, der eine Frau gewinnen will und hofft, von ihr erhört zu werden. Eine Verletzung der Ehre der umworbenen Frau liegt darin noch nicht.* OLG Zweibrücken NJW 1986, S. 2960

# 3. Die wunderbare Welt der verbotenen Kondome

In den Augen prinzipienfester Juristen sind Kondome fast so etwas wie Tatwerkzeuge – zu unzüchtigem Gebrauch bestimmte Gegenstände. Es ist noch gar nicht so lange her, dass die Gerichte sie verboten haben. Heute sind Kondome zwar in jeder Drogerie frei verkäuflich, das heißt aber noch lange nicht, dass Strafgefangene und Sozialhilfeempfänger sie umsonst bekommen.

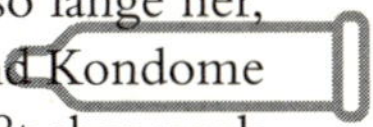

## Grob geschmacklose Waren

*Präservative sind dazu bestimmt, einer nicht naturgemäßen Ausübung des Geschlechtsverkehrs zu dienen.*

RGSt 67 1932, S. 65

## Genoppte Lust

*Reizpräservative, bei denen die Eignung zur Verhütung von Geschlechtskrankheiten gegenüber dem Hauptzweck einer Reizsteigerung oder Reizverlängerung beim Geschlechtsverkehr im Sinne einer unnatürlichen Aufpeitschung geschlechtlicher Reize zurücktritt, sind zu unzüchtigem Gebrauch bestimmte Gegenstände.*

BayObLG NJW 1970, S. 1759

## Gummiautomat

Wie sich die Zeiten ändern … Heute lachen uns die Pariser von großen Reklametafeln entgegen, aber noch 1959 verletzte die Aufstellung von Kondomautomaten an der Straße Sitte und Anstand. Der Kinder wegen …

*Eindeutig geschlechtsbezogene Dinge verlieren dadurch das Schamhafte und Peinliche, das ihnen besonders dann anhaftet, wenn sie (wie hier und häufig) zu nicht naturgemäßem Geschlechtsverkehr bestimmt sind. Sie erhalten so (...) den Anschein des Unverfänglichen und Selbstverständlichen. Das muß namentlich bei Kindern und Jugendlichen alle Begriffe von Sitte und Anstand hoffnungslos verwirren und das Schamgefühl zuletzt zerstören.* BGHSt 13 1959, S. 16

**Perverse Suppe**

Eine unerwünschte Suppenbeilage hat einer Restaurantbesucherin in den USA gehörig den Appetit verdorben: Beim Löffeln ihrer Muschelsuppe biss die 48-Jährige nach eigenen Angaben auf ein Kondom. *Ich dachte, es waren Calamares oder Shrimps oder so was, also kaute ich noch was davon,* schilderte Laila Sultan die Sache in einem TV-Interview. Das Erlebnis habe bei ihr Depressionen und Beklemmungen verursacht. Deshalb habe sie das kalifornische Nobel-Fischrestaurant McCormick & Schmicks, das ihr die sämige Suppe aufgetischt hatte, verklagt. Ein Anwalt der Restaurantbetreiber wies die Vorwürfe zurück. Es sei den Mitarbeitern ein Rätsel, wie das Kondom in die Suppe habe gelangen können. Entweder stamme es von der Frau selbst oder ein anderer Restaurant-Gast habe es als Schabernack hineingeworfen. Wie der Prozess endete ist leider nicht bekannt. Reuters 11.11.2003

**Knastis brauchen keine Verhüterli**

Schlechte Nachrichten für alle Knastbrüder: Wer Schutz will, muss auch dafür zahlen.

So wurde die Frage, ob ein Strafgefangener Anspruch auf kostenlose Aushändigung von Kondomen habe, vom Oberlandesgericht Koblenz verneint.

*Zwar werden Kondome üblicherweise zum Schutz vor Aids beim Geschlechtsverkehr empfohlen. Daraus kann ein Anspruch des Strafgefangenen auf kostenlose Ausgabe von Kondomen jedoch nicht hergeleitet werden. Die kostenlose Ausgabe liefe auf eine Förderung homosexueller Verhaltensmuster hinaus. Solche Verhaltensmuster können zu Abhängigkeitsverhältnissen zwischen Strafgefangenen innerhalb der Vollzugsanstalt führen, was weder mit dem Vollzugsziel noch mit der Ordnung innerhalb der Anstalt zu vereinbaren ist. Eine solche Praxis liefe quasi auf eine Förderung unerwünschter Abhängigkeiten aufgrund homosexueller Beziehungen von Amts wegen hinaus.*

*Fehl geht der Hinweis des Strafgefangenen auf mögliche heterosexuelle Beziehungen im Strafvollzug. In den Genuß sog. Langzeitbesuche kommen nur verheiratete Gefangene oder solche, die eine langjährige Lebenspartnerin haben. Hier besteht im Allgemeinen kein erhöhtes Risiko, sich mit Aids zu infizieren. Sexuelle Beziehungen zwischen weiblichen Bediensteten im Strafvollzug und Strafgefangenen sind verboten.* OLG Koblenz NStZ 1997, S. 360

**Kondome vom Sozialamt**

Ein Sozialhilfeempfänger beantragte in Hamburg die Bewilligung von zwölf Präservativen pro Woche. Das Sozialamt lehnte dies ab, woraufhin der Mann klagte. Er versicherte, mit seiner Freundin im Durchschnitt 1,7-mal pro Tag Sex zu haben. Er lasse sich vom Amt nicht vorschrei ben, wie oft er mit seiner Freundin schlafen dürfe. Das Oberverwaltungsgericht Hamburg wies die Klage mit folgender Begründung ab:

*Legt man den vom Kläger genannten Preis von knapp einer DM pro Kondom zu Grunde, so ermöglicht ihm die gewährte Hilfe, gut zwanzigmal im Monat mit seiner Freundin ohne Risiko einer Empfängnis geschlechtlich zu verkehren. Unter Berücksichtigung der Tage, in denen ein Geschlechtsverkehr nicht möglich ist oder nicht gewünscht wird, kann der Kläger praktisch Tag für Tag einmal ohne Risiko den Geschlechtsverkehr ausüben. Daß eine dahingehende Beschränkung ihm nicht möglich wäre, seine Menschenwürde verletzen oder seine partnerschaftliche Beziehung gefährden könnte, ist nicht ersichtlich, zumal seiner Freundin und ihm neben dem vaginalen Verkehr noch andere Formen befriedigender sexueller Kontakte offenstehen. Daß der Kläger möglicherweise mehr leisten will, ist unerheblich. Für das Geschlechtsleben gilt nichts anderes als für alle anderen existenziellen Lebensbedürfnisse (Essen und Trinken, Bekleidung und Unterkunft): Es ist nicht Aufgabe der Sozialhilfe, dem Empfänger eine bestmögliche, maximale Bedürfnisbefriedigung zu ermöglichen.* OVG Hamburg NJW 1991, S. 941

**Das Mars-Kondom**

Eine Scherzartikelfirma fand es eine lustige Idee, sich für ihre Kondomverpackungen des Layouts der *Mars-Schoko-Riegel* zu bedienen. Die Schachtel zierte die Aufschrift *Mars macht mobil bei Sex-Sport und Spiel.* Die Herstellerin von *Mars* war entsetzt, dass der Schoko-Riegel als Stärkungs- oder Anregungsmittel für den Sex-Sport ausgewiesen und sie als Förderer des Sex-Sports hingestellt wurde. Mars als Stimulans für den Sex-Sport hat auch das Humorverständnis des Bundesgerichtshofs überfordert. Er hat der Unterlassungsklage stattgegeben, da der Scherzartikelhersteller Ruf und Ansehen der Marke *Mars* ausgenutzt und somit wettbewerbswidrig gehandelt habe. BGH NJW 1994, S. 1954

## 4. Sex als Beiwohnung

Bevor der Jurist den Sex als igitt brandmarken kann, muss er ihn zunächst einmal ordentlich definieren. Da kommen dann wirklich erschreckende Tatsachen ans Licht.

### Amtliche Sex-Definition

Juristen bezeichnen Sex als *Beiwohnung* oder *Beischlaf* – warum auch immer. Was darunter genau zu verstehen ist, sagt uns der Bundesgerichtshof:

*Mit dem Eindringen des Gliedes in den Scheidenvorhof ist der Tatbestand des Beischlafs erfüllt.* BGHSt 46 2000, S. 177

### Poppen

Zwei Firmen streiten um die Verwendung des Namens *Rice Pops* für Knabberartikel. Die Beklagte verteidigt sich damit, dass die Bezeichnung *Pops* sich auf das beim Röstvorgang von Getreide entstehende Geräusch beziehe, das demjenigen beim Öffnen einer Sektflasche ähnele und deshalb am besten mit *Pop* beschrieben werden könne. Der Herstellungsvorgang würde dementsprechend auch als *poppen* bezeichnet. Überdies sei jedem von Kindesbeinen an die Herstellung von Popcorn – etwa auf dem Jahrmarkt – als *poppen* bekannt. Dieser Vortrag veranlasste das ehrwürdige Hanseatische Oberlandesgericht zu folgenden Ausführungen über den Begriff *poppen*:

*Entgegen der Annahme der Beklagten ist den angesprochenen Verkehrskreisen, zu denen auch die Mitglieder des Senats gehören, keineswegs seit frühester Kindheit die Herstellung von Popcorn als »poppen« bekannt. Den Begriff »poppen« kennen die Senatsmit-*

*glieder zwar, allerdings nicht von Kindesbeinen an, sondern erst etwa seit der Pubertät und in einem völlig anderen Zusammenhang, was hier aber nicht vertieft zu werden braucht. Die Verbindung zu Popcorn hilft also nicht weiter.*

OLG Hamburg GRUR-RR 2003, S. 266

## Es miteinander treiben

Es miteinander *zu treiben* ist ein vertrauter Begriff. Der Bundesgerichtshof lässt offen, ob man auch Sex treiben kann.

*Der Ausdruck »treiben« bedeutet nach dem Sprachgebrauch des Lebens eine Betätigung von einer gewissen Anspannung und Dauer. Dies zeigen z.B. die Redewendungen Sport treiben, Unfug treiben, Ehebruch treiben, Handel treiben.* BGHSt 1 1951, S. 293

## Gynäkologische Einsichten

*Der Beischlaf ist vollendet, sobald der Mann mit seinem Glied in die Scheide einzudringen begonnen hat, gleichgültig in welchem Umfange. Danach ist es zwar nicht notwendig, daß das männliche Glied in die Tiefe der Scheide gelangt. Das Glied muß aber mindestens in den Eingang der eigentlichen Scheide und nicht nur zwischen die inneren Schamlippen oder in den sog. Scheidenvorhof vordringen, d.h. in den Raum vor der den Scheideneingang abschließenden Jungfernhaut (Hymen). Ein Eindringen in den Scheideneingang kann auch gegeben sein, wenn die – unversehrte – Jungfernhaut durch das männliche Glied derart nach innen eingewölbt wird, daß das Glied auf diese Weise in den hinter dem Hymen gelegenen Raum gelangt. Ein Einreißen der Jungfernhaut oder gar ein Samenerguß sind nicht erforderlich.*

BGH NJW 1959, S. 1091

**Beim ersten Mal tut`s noch weh**

*Die Vornahme des Geschlechtsaktes mit einer jungfräulichen Frauensperson ist ein Eingriff in ihre körperliche Unversehrtheit und kann daher an sich den äußeren Tatbestand der Körperverletzung nach § 233 StGB erfüllen.* RGSt 56 1921, S. 64

**Kinder durch Poppen**

Der Bundesgerichtshof warnt: Sex kann zu Kindern führen.

*Beischlaf im strafrechtlichen Sinn ist eine ihrer Art nach zur Zeugung geeignete Handlung.* BGHSt 16 1961, S. 175

**Lustgewinn durch Sex?**

Ende des 20. Jahrhunderts kamen die Gerichte zu einer bahnbrechenden Erkenntnis: Sex kann auch Spaß machen!

*Geschlechtsverkehr dient zumindest in weiten Teilen der Bevölkerung nicht nur der Fortpflanzung, sondern auch dem (sexuellen) Lustgewinn.* VG Schleswig NJW 1998, S. 1808

**Verbot von außerehelichem Sex**

*Der Geschlechtsverkehr ist, sofern er außerhalb der Ehe stattfindet, unzüchtig.* RGSt 46 1912, S. 117

**Einsichten in die Realität**

Selbst dem Reichsgericht blieb nicht verborgen, dass viele Paare mit dem Sex nicht bis zur Trauung warten.

*Der außereheliche Geschlechtsverkehr mag dem gesunden Volksempfinden als etwas gegen die guten Sitten Verstoßendes erscheinen. An der Tatsache, daß er trotzdem in erheblichem Umfan-*

*ge stattfindet, hat weder der Gesetzgeber vorübergehen können, noch kann der Richter davor die Augen verschließen. Die Geschichte lehrt, daß es nicht möglich ist, ihn zu unterdrücken.*

RGZ 149 1935, S. 224

## Der sexsüchtige Mieter

Ist der Mieter *sexsüchtig*, so bedeutet dies noch lange nicht, dass ihn der Vermieter einfach vor die Tür setzen kann. Mit dieser heiklen Thematik hatte sich das Kölner Amtsgericht zu beschäftigen: Einem Mieter war fristlos gekündigt worden, weil der Vermieter annahm, dass dieser seine Wohnung an Prostituierte untervermietete. Anhaltspunkte dafür gab es im Prozess allerdings keine. Stattdessen stellte sich bei der gerichtlichen Beweisaufnahme heraus, dass der Mieter selbst mit diversen Damen Kontakt gehabt haben könnte. Daraufhin wurde die Klage abgewiesen. Zur Begründung führte das Gericht aus, dass die *Ausübung außerehelicher sexueller Vorlieben in den eigenen vier Wänden* und ein damit verbundenes *bloßes moralisches Unwerturteil* noch lange kein Grund für eine fristlose Kündigung sei.

AG Köln, Urteil vom 29.04.2002, Az.: 211 C 256/01

## Der Sinn der Monogamie

Noch 1962 wurde der Geschlechtsverkehr zwischen Verlobten als Unzucht angesehen. Wer ihn förderte oder duldete, machte sich der Kuppelei strafbar. Ein solcher Fall gab dem Großen Senat des BGH für Strafsachen Anlass, ein paar besinnliche Worte zur Monogamie fallen zu lassen:

*Die sittliche Ordnung will, daß sich der Verkehr der Geschlechter grundsätzlich in der Einehe vollziehe, weil der Sinn und die*

*Folge des Verkehrs das Kind ist. Um seinetwillen und um der personenhaften Würde und der Verantwortung der Geschlechtspartner willen ist dem Menschen die Einehe als Lebensform gesetzt. Nur in der Ordnung der Ehe und in der Gemeinschaft der Familie kann das Kind gedeihen und sich seiner menschlichen Bestimmung gemäß entfalten. Nur in dieser Ordnung und in dieser Gemeinschaft nehmen sich die Geschlechtspartner so ernst, wie sie es sich schulden. Gerade weil die naturhaft nächste Beziehung der Geschlechter so folgenreich und zugleich so verantwortungsbeladen ist, kann sie sich nur in der ehelichen Gemeinschaft zweier einander achtender und einander zur lebenslangen Treue verpflichteter Partner sinnvoll erfüllen. Indem das Sittengesetz dem Menschen die Einehe und die Familie als verbindliche Lebensform gesetzt und indem es diese Ordnung auch zur Grundlage des Lebens der Völker und Staaten gemacht hat, spricht es zugleich aus, daß sich der Verkehr der Geschlechter grundsätzlich nur in der Ehe vollziehen soll und daß der Verstoß dagegen ein elementares Gebot geschlechtlicher Zucht verletzt.* BGHSt 6 1954, S. 46

**Das Brautgeld**

Der Kläger verlangt von den Beklagten die Rückzahlung eines *Brautgeldes* in Höhe von 55.000 DM, das seine Familie im Zuge der beabsichtigten Eheschließung seines Sohnes mit der Beklagten nach der Sitte der Volksgruppe der Roma gezahlt hat. Dieses Brautgeld soll unter anderem einen Ausgleich dafür darstellen, dass die Familie der Braut eine Arbeitskraft verliert, weil die Braut mit der Eheschließung in die Familie des Mannes wechselt. Mit der Zahlung des Brautgeldes dokumentiert der Bräutigam zugleich die Ernsthaftigkeit seines Eheversprechens. Zum Vollzug der beabsichtigten Eheschließung ist es nicht gekommen. Aus welchen Gründen, ist streitig. Die Eltern der Braut behaupten, der Bräutigam sei nicht in der Lage gewesen, die Braut zu entjungfern. Der Kläger trägt vor, dass es an Blutflecken im Brautbett oder im Brautrock als Folge einer Entjungferung nur deshalb fehlte, weil die Beklagte keine Jungfrau mehr war.

Das OLG Köln gab der Klage statt. Dem Kläger steht gestützt auf § 812 Abs. 1 Satz 2, 2. Alternative BGB (Zweckverfehlung) ein Anspruch auf Rückzahlung des an die Beklagten geleisteten Brautgeldes zu. Nach dem mit der Brautgeldzahlung erstrebten Erfolg ist es allein entscheidungserheblich, dass die Hochzeit nicht vollzogen worden ist und es deshalb auch keiner finanziellen Kompensation der Arbeitskraft der Braut zu deren Gunsten und zugunsten ihrer Familie auf Kosten des Klägers und dessen Familie bedarf. Worauf das Scheitern der Hochzeit zurückzuführen ist, ist in diesem Zusammenhang ohne Belang.

OLG Köln NJW-RR 1994, S. 1026

## Das Kranzgeld

Das Amtsgericht Münster gelangte 1992 zu der bahnbrechenden Erkenntnis, dass der damals noch geltende Anspruch auf ein Kranzgeld gem. § 1300 BGB verfassungswidrig ist. Wenn sich die unbescholtene Verlobte dem Bräutigam hingab, er das Verlöbnis danach aber aufkündigte, konnte die Verschmähte ein Kranzgeld vom Ex-Verlobten verlangen. Dass dieser Anspruch nicht mehr gültig ist, begründete das Gericht so:

*Nach Meinung des erkennenden Gerichtes ist die Regelung nicht mit Art. 3 II und III GG vereinbar, wonach Frauen und Männer gleichberechtigt sind und niemand wegen seines Ge-*

*schlechtes bevorzugt oder benachteiligt werden darf. Die Vorschrift des § 1300 BGB gewährt lediglich Frauen einen Entschädigungsanspruch nach einem mit Geschlechtsverkehr verbundenen und grundlos aufgelösten Verlöbnis. Dafür ist kein Grund ersichtlich. Den seelischen Schmerz wegen des gebrochenen Verlöbnisses empfindet ein Mann nicht typischerweise geringer als eine Frau. Seine Partnerbindung und Liebesfähigkeit sind nicht generell minder intensiv als die ihrige. (...) Wegen des Abbaus ehemals übertriebener Moralvorstellungen erleidet die soziale Wertschätzung einer Verlobten aufgrund eines folgenlos gebliebenen Geschlechtsverkehrs keine weitere Einbuße. Sexuelle Kontakte unter ernsthaft Verlobten gelten nicht nur in moralisch besonders laxen Gesellschaftskreisen nicht mehr als anstößig. Daß sich daraus auch in der heutigen Zeit noch verminderte Heiratschancen ergäben, ist nicht ersichtlich.*

AG Münster NJW 1993, S. 1720

## 5. Anleitung für das eheliche Glück

Sex wird mit dem Trauschein zur ehelichen Pflicht. Bei Pflichten ist es natürlich wichtig, dass man sie genau erfüllt, sonst gibt's am Ende noch Punkte in Flensburg. Wir können deshalb also froh darüber sein, dass uns die Richter mit detaillierten Anweisungen für das eheliche Sexglück versorgen.

### Sex in der Ehe

Ein Mann wollte sich scheiden lassen, weil seine Frau ihm angeblich seit Jahren den Sex verweigere. Sie habe ihm erklärt, sie empfinde nichts beim Geschlechtsverkehr und sei imstande, dabei Zeitung zu lesen; er möge sich selber befriedigen. Der eheliche Verkehr sei eine reine Schweinerei. Sie gebe ihm lieber Geld fürs Bordell. Die Frau sah keinen Grund für die Scheidung, da es durchweg noch alle 4 Wochen zum Verkehr gekommen sei. Der Bundesgerichtshof hat daraufhin folgende Leitlinien zum Sex in der Ehe aufgestellt:

*Die Frau genügt ihren ehelichen Pflichten nicht schon damit, daß sie die Beiwohnung teilnahmslos geschehen läßt. Die Ehe fordert von ihr eine Gewährung in ehelicher Zuneigung und Opferbereitschaft und verbietet es, Gleichgültigkeit oder Widerwillen zur Schau zu tragen.* BGH NJW 1967, S. 1078

### Eine Gebrauchsanweisung

Einem Richter des Oberlandesgerichts verdanken wir eine besonders genaue Anweisung für das intime Treiben in der Ehe:

*Die Ehegatten sind einander zur Geschlechtsgemeinschaft verpflichtet. Dazu gehört der Austausch von Zärtlichkeiten vor und nach dem eigentlichen Geschlechtsverkehr, die Stimulierung des Partners für die Vereinigung und die Ausübung in einer auch für den Partner annehmbaren Art. Dieser innerste Bereich des Erlebens von Ehe setzt eine aktive innere und äußere Beteiligung beider Ehegatten voraus. Die Ehefrau soll den Geschlechtsverkehr nicht nur »über sich ergehen lassen«. Der Ehemann darf seine Frau nicht nur einseitig als »Objekt« der eigenen Befriedigung »benutzen«. Opferbereitschaft insoweit womöglich als Folge des anhaltenden Unbefriedigtseins darf nicht erwartet werden. Die Befriedigung und Beglückung auch des Partners sind Ziele des Geschlechtsverkehrs. Zeigen sich bei der Verwirklichung dieser Ziele Schwierigkeiten, so muß gemeinsam nach Möglichkeiten der Abhilfe gesucht werden (Änderung der Art des Vorgehens mitsamt Stellung, Intensivierung des Vorspieles, Erkunden der erogenen Zonen des Partners, Inanspruchnahme eines Facharztes oder Beseitigung von Spannungszuständen durch bioenergetische Behandlung oder Eutonie). Nicht selten ist Ursache der Gefühlskälte der Frau der fehlende Austausch von Zärtlichkeiten im Alltag, Verweigerung echter Partnerschaft in der Lebensgestaltung oder das Ausbleiben kleiner Aufmerksamkeiten im täglichen Umgang miteinander. Die Verpflichtung zu einem regelmäßigen Geschlechtsverkehr wird begrenzt durch die Leistungsfähigkeit oder den Gesundheitszustand, soweit er körperlich in Erscheinung tritt. Hinderungsgründe, die durch ärztlichen Eingriff beseitigt werden können, müssen beseitigt werden, wenn der Eingriff gefahrlos erfolgen kann.*

BGB-RGRK, BGB, 12. Aufl. 1984, § 1353, Rn. 31

### Hingebungsvolle Frauen

Frauen sind hingebungsvoll, anlehnungsbedürftig und im Bett passiv, hat der Bundesgerichtshof herausgefunden. Im Original hört sich das dann so an:

*Infolge ihrer schwächeren, weniger zur Betätigung drängenden als zur duldenden Hingabe bereiten Natur und des daraus entspringenden Anlehnungsbedürfnisses neigt die Frau in ihrem Liebesleben mehr zur festen Bindung als der Mann. Sie ist in geschlechtlichen Dingen regelmäßig weit zurückhaltender als er.*

BGH NJW 1954, S. 1293

### Kleingedruckter Sex

Angeblich zur Rettung seiner Ehe hat ein israelischer Anwalt eine schriftliche Verpflichtung seiner Frau gefordert, zweimal täglich Sex mit ihm zu haben. Die Ehefrau sollte *morgens und abends ohne Zwang* mit ihm schlafen und außerdem nackt an seiner Seite liegen. Das Strafgericht in Tel Aviv beurteilte das Vorgehen als *völlig illegal*. Die Ehe wurde kurz nach dem Vorfall geschieden. Die Sache war ins Rollen gekommen, als der Mann sich mit der Begründung, seine Frau habe ihn geschlagen, an die Polizei gewandt hatte. Die Frau hatte ihm daraufhin vorgeworfen, sie bedroht und zum Sex gezwungen zu haben.

Berliner Morgenpost vom 08.11.2003

### Hemmungslose Genusssucht

Nach Meinung des Oberlandesgerichts Celle ist ehelicher Geschlechtsverkehr, der nicht zur Zeugung führen kann, *hemmungslose Genußsucht.* OLG Celle NJW 1963, S. 406

## Jungfrau

Die Jungfräulichkeit als zugesicherte Eigenschaft der Braut beschäftigte 1890 das Reichsgericht. Demnach kann der Ehemann die Ehe für ungültig erklären lassen, wenn die Ehefrau bei der Hochzeit keine Jungfrau mehr ist. Der Mangel der Jungfräulichkeit ist als ein Irrtum über eine wesentliche persönliche Eigenschaft der Frau anzusehen. Die Ungültigkeitsklage ist allerdings unbegründet, wenn der zukünftige Ehemann selbst sich mit seiner Ehefrau vor der Hochzeit fleischlich vermischt hat. RGZ 25 1890, S. 192

## Nutte

Ehemänner sollten peinlich genau darauf achten, welche *Kosenamen* sie ihrer Liebsten in der Wut an den Kopf werfen. Denn es gilt:

*Der Ehemann macht sich einer schweren Eheverfehlung schuldig, wenn er seine Frau als Nutte bezeichnet.*

KG Berlin FamRZ 1978, S. 594

## Kein Sex, kein Geld

Der in Trennung lebende Ehemann wurde auf Unterhalt verklagt. Er hatte dafür kein Verständnis, da es in drei Jahren Ehe nie zum Sex gekommen und seine Frau noch Jungfrau sei. Das Amtsgericht Brühl zeigte Mitleid mit dem Mann und bejahte eine Unterhaltskürzung wegen Nichtvollzugs des Geschlechtsverkehrs. Die Begründung lautete wie folgt:

*Die Ehe war seit langem und bis vor ganz kurzem der alleinige Bereich für »legale« sexuelle Betätigung.*

*»Kein Sex« ist – erstaunlicherweise – in der Vielzahl der veröffentlichten Entscheidungen zum Unterhalt kein Thema, immer*

*nur »zu viel« Sex, nämlich mit anderen Personen als dem Ehepartner.*

*Die Ehe, insbesondere die auf Liebe und Zuneigung gegründete »bürgerliche« Ehe, ist keine reine Zweckgemeinschaft, die sich in der Haushaltsgemeinschaft der Ehegatten erschöpft. Wesentliches Merkmal ist auch die Geschlechtsgemeinschaft. Denn nicht nur die Sicherung der wirtschaftlichen Basis der Eheleute ist die Grundlage für die Ehe als kulturelle Errungenschaft des Menschen, sondern auch die Sicherung der Folgen aus der als weithin selbstverständlich praktizierten Geschlechtsgemeinschaft, nämlich der gemeinsamen Versorgung und Betreuung der gemeinsamen Kinder aus dieser Gemeinschaft. Die Geschlechtsgemeinschaft kann zwar durch Vereinbarung ausgeschlossen werden (»Josefsehe«), doch behauptet selbst die Klägerin eine solche Abrede nicht. Der Beklagte konnte also wie jeder Heiratende davon ausgehen, daß der Partner sich dem Wunsch nach geschlechtlicher Erfüllung nicht verschließen werde. Die grundlos gebliebene, weil von ihr nie erklärte Verweigerung der Klägerin reduzierte die nur äußerlich gelebte Gemeinschaft der Ehegatten derart, daß auch ihr Anspruch auf Unterhalt zu reduzieren ist.* AG Brühl NJWE-FER 2000, S. 51

# 6. Liebestechniken

Hatten Sie schon mal Sex in einer anderen als der Missionarsstellung? Haben Sie dabei etwa auch noch gestöhnt? Dann haben Sie eigentlich schon das Gesetz gebrochen. Immerhin ist Sex bei Kerzenschein und in der Reiterstellung erlaubt.

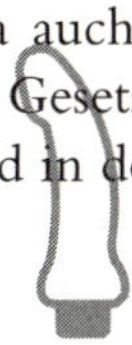

## Die Papa-Mama-Stellung

Normaler ehelicher Sex besteht aus Petting und der Missionarsstellung. Ein Richter am Oberlandesgericht findet, dass man sich über schärfere Sachen zumindest unterhalten kann.

*Es ist den Ehegatten unbenommen, die Art ihres Geschlechtsverkehrs zu bestimmen. Lehnt ein Ehegatte Geschlechtsverkehr außerhalb der normalen Stellung oder Art (Petting) ab, so hat sich der andere zu fügen und zu der normalen Art zurückzukehren.*

BGB-RGRK, BGB, 12.Aufl. 1984, § 1353, Rn.31

## Liebestechniken in der Schule

Pubertierende Schüler sind für ihre sexuelle Aufklärung immer noch auf die *Bravo* angewiesen. Jedenfalls solange, wie die Zeugung in der Schule am Beispiel von Bienen und Blüten erklärt wird.

*Die Vermittlung von Praktiken des Geschlechtsverkehrs i.S. von Liebestechniken darf selbstverständlich nicht zum Gegenstand einer schulischen Sexualerziehung gemacht werden.*

BVerwGE 57 1979, S. 360

## Stöhn-Verbot

Mit seinen lautstarken Liebesakten hat ein Pärchen aus Italien seine Nachbarn beinah in den Wahnsinn getrieben. Schließlich zogen die Entnervten vor Gericht. Ein Richter verhängte daraufhin eine harte Strafe gegen die beiden Krachmacher. Das liebestolle Paar aus dem norditalienischen Treviso hatte allabendlich die Nachbarn samt Kleinkind durch ihr Gestöhne um den Schlaf gebracht. Selbst als ein Gericht den Sexwütigen vorschrieb, sich in einer zweiwöchigen *Probezeit* zu mäßigen, brachte das für die geplagten Nerven der mithörenden Nachbarn keine Entspannung.

Dem Richter gestand der feurige Liebhaber schließlich mit hochrotem Kopf: *Ich kann nicht, wenn sie nicht schreit.* Doch dafür hatte der Richter kein Verständnis und legte den frisch Vermählten ein Stöhn-Verbot von 23.00 Uhr bis 7.00 Uhr morgens auf. Nachts herrscht nun Ruhe, die Frau stöhnt mittags.

SPIEGEL ONLINE – 01. Juli 2003

## Sex bei Kerzenschein ist erlaubt!

Wer sich von seinem Partner spontan zum Liebesspiel verführen lässt, handelt auch dann nicht leichtsinnig, wenn während dieser Zeit Kerzen auf einem Adventskranz brennen. So beurteilte das Landgericht Mönchengladbach die Klage eines Paares, dem durch ein vorweihnachtliches Feuer ein Sachschaden in Höhe von 64.000 DM entstanden war. Der Kläger hatte die Kerzen auf dem Adventskranz angezündet und wollte nur kurz ins Schlafzimmer gehen, um seine Lebensgefährtin zu wecken. Nach dem Betreten des Schlafzimmers war er den *körperlichen Reizen* seiner Lebensgefährtin erlegen und hatte nicht mehr an die brennenden Kerzen gedacht.

LG Mönchengladbach VersR 2000, S. 580

### Sadomaso

Peitschen, Ketten, Lack und Leder machen auch vor den Richtern nicht halt. So hatte der Bundesgerichtshof kürzlich Gelegenheit, sich zum Sadomasochismus zu äußern:

*Bei Sadomasochismus handelt es sich um eine »existierende und praktizierte Form des Sexuallebens«, die in den unterschiedlichsten Erscheinungsformen zutage tritt und etwa in heterosexuellen, homosexuellen, pädophilen oder auf Autoerotik beschränkten Varianten vorkommt. Sadomasochistische Vorgänge stellen sich als sehr uneinheitlich dar und werden von Ehepaaren, Singles, in monogamen oder promiskuitiven Beziehungen praktiziert.*

*Einverständlich vorgenommene sadomasochistische Praktiken, die zu Körperverletzungen führen, verstoßen nicht als solche gegen die »guten Sitten« im Sinne von § 228 StGB.*

*Sittenwidrig ist die Tat jedoch, wenn bei vorausschauender objektiver Betrachtung der Einwilligende durch die Körperverletzungshandlung in konkrete Todesgefahr gebracht wird.*

Im dem Fall hatte ein Mann seine Frau bei einem Würgespiel versehentlich getötet. Nach Ansicht des Bundesgerichtshofs ist das Körperverletzung mit Todesfolge.

BGHSt 49 2004, S. 166

### Unfallversicherter Sex

Eine 35-jährige Sekretärin hatte sich beim Sex mit ihrem Freund so schwer verletzt, dass sie heute im Rollstuhl sitzt. Sie verklagte ihre beiden Unfallversicherungen auf Invaliditätsleistungen. Im Gerichtssaal schilderte die Klägerin die intimen Details ihres Unfalls. Vor fünf Jahren hatte sie mit ihrem Freund leidenschaftlichen Geschlechtsverkehr. Dabei hatte sie rittlings auf ihm gesessen; mit einem Mal habe er sich heftig bewegt, sie sei aus dem Gleichgewicht gekommen und rund einen Meter weit auf die Bettkante geschleudert worden. Dabei sei sie mit dem Po auf dem Metallrahmen aufgeschlagen und habe das Bewusstsein verloren, sagte die Frau im Rollstuhl. Die Ärzte diagnostizierten eine schwere Rückenmarksverletzung und Querschnittslähmung.

Das Oberlandesgericht Düsseldorf gab der Klage statt. Wer sich beim wilden Sex verletzt, kann von seiner Unfallversicherung Zahlung verlangen. Die vom Gericht angehörten Gutachter hielten es für möglich, dass man bei heftigen Beischlafbewegungen einen Meter weit weg geschleudert wird. Die Hamburg-Mannheimer und der Deutsche Lloyd mussten deshalb insgesamt 396.000 Euro an die Klägerin zahlen. OLG Düsseldorf VersR 2000, S. 961

**Unharmonischer Intimverkehr als Reisemangel?**

Das gebuchte Doppelbett im Doppelzimmer auf Menorca entpuppte sich als zwei separate Einzelbetten. Der Kläger fühlte sich hierdurch in seinen Schlaf- und Beischlafgewohnheiten empfindlich beeinträchtigt. Ein *friedliches und harmonisches Einschlaf- und Beischlaferlebnis* sei während der gesamten 14-tägigen Urlaubszeit nicht zustande gekommen, weil die Einzelbetten, die zudem noch auf rutschigen Fliesen gestanden hätten, bei jeder kleinsten Bewegung in der Mitte auseinandergegangen seien. Ein harmonischer Intimverkehr sei deshalb nahezu völlig verhindert worden. Der Kläger verlangte Schadensersatz wegen nutzlos aufgewendeter Urlaubszeit in Höhe von 20 % des Reisepreises von 3078 DM. Das Amtsgericht Mönchengladbach wies die Klage ab.

*Die Klage ist (...) in der Sache nicht begründet. Der Kläger hat nicht näher dargelegt, welche besonderen Beischlafgewohnheiten er hat, die festverbundene Doppelbetten voraussetzen. Dieser Punkt brauchte allerdings nicht aufgeklärt zu werden, denn es kommt hier nicht auf spezielle Gewohnheiten des Klägers an, sondern darauf, ob die Betten für einen durchschnittlichen Reisenden ungeeignet sind. Dies ist nicht der Fall. Dem Gericht sind mehrere allgemein bekannte und übliche Variationen der Ausführung des Beischlafs bekannt, die auf einem einzelnen Bett ausgeübt werden können, und zwar durchaus zur Zufriedenheit aller Beteiligten. Es ist also ganz und gar nicht so, daß der Kläger seinen Urlaub ganz ohne das von ihm besonders angestrebte Intimleben hätte verbringen müssen.*

*Aber selbst wenn man dem Kläger seine bestimmten Beischlafpraktiken zugesteht, die ein festverbundenes Doppelbett voraussetzen, liegt kein Reisemangel vor, denn der Mangel wäre mit wenigen Handgriffen selbst zu beseitigen gewesen. (...) Es hätte nur weniger Handgriffe bedurft und wäre in wenigen Minuten zu erledigen gewesen, die beiden Metallrahmen durch eine feste Schnur miteinander zu verbinden. Es mag nun sein, daß der Kläger etwas Derartiges nicht dabei hatte. Eine Schnur ist aber für wenig Geld schnell zu besorgen. Bis zur Beschaffung dieser Schnur hätte sich der Kläger beispielsweise seines Hosengürtels bedienen können, denn dieser wurde in seiner ursprünglichen Funktion in diesem Augenblick sicher nicht benötigt.* AG Mönchengladbach NJW 1995, S. 884

**Yippie-Rufe beim Sex**

Der Kläger bewohnt in einem Sechsfamilienhaus eine Wohnung im ersten Obergeschoss, die Beklagten die darunter liegende Erdgeschosswohnung.

Der Kläger beschwert sich, von den Beklagten durch übermäßige Lärmverursachung in ihrer Wohnung zu Tages-

und Nachtzeiten gestört worden zu sein. Insbesondere hätten die Beklagten regelmäßig ohrenbetäubende Musik gehört, sich lautstark gestritten und überlaute Geräusche beim Sexualverkehr von sich gegeben.

Das Amtsgericht hat den Beklagten bei Androhung von 250.000 Euro Ordnungsgeld untersagt, beim Sex übermäßige Lustgeräusche zu produzieren. Die Nachbarn bräuchten das laute Stöhnen und die Yippie-Rufe beim Sex nicht hinzunehmen.

*Der Kläger wird in seiner Besitzausübung beeinträchtigt, wenn zu jeder beliebigen Zeit die beim Sexualverkehr verursachten Geräusche in seine Wohnung dringen. Die Beklagten waren und sind verpflichtet, jegliche Geräuschentwicklung auf Zimmerlautstärke zu halten. Dies gilt auch für die Geräusche, welche die Beklagten bei Ausübung des Sexualverkehrs von sich geben. Die Beklagten sind als erwachsene Menschen auch bei der Ausübung ihres Sexualverkehrs in der Lage, ihr Handeln zumindest insoweit zu steuern, daß sie keinen Lärm verursachen, der so laut ist, daß er in die Nachbarwohnungen dringt.* AG Warendorf DWW 1997, S. 344

## Geile Strangulation

Nach dem Erstickungstod ihres Ehemannes forderte die Witwe Geld von der Unfallversicherung. Besonders skurrile Umstände hatten zum Tod des Mannes geführt:

*Auf Grund des Tatortfundberichts i. V. mit den rechtsmedizinischen Feststellungen ist das Gericht davon überzeugt, daß der Versicherte durch Drosselung der Sauerstoffzufuhr einen Zustand der sogenannten Hyperkapnie erreichen wollte, der zu einer Steigerung der Reflexbereitschaft auch im Genitalbereich führt. Daraus sollte eine erhöhte Orgasmusbereitschaft und Orgasmusfähigkeit resultieren. Um diesen Zustand zu erreichen, hat der Versicherte die*

*Drosselungsvorrichtung um den Hals angebracht und sich eine Plastiktüte über den Kopf gestülpt. Sowohl das Anbringen des Seils um den Hals als auch das Überstülpen einer Plastiktüte jeweils zum Zwecke der sukzessiven Sauerstoffverringerung sind als Eingriff i. S. d. § 3 Abs. 3 AUB einzustufen.*

Die Witwe bekam selbstredend kein Geld.

LG München RuS 1991, S. 35

## 7. Marmor, Stein und Ehe bricht …

Die Hobbys *Fremdgehen* und *Seitensprung* haben die Gerichte schon immer besonders beschäftigt. Geschändete Ehebetten, verprügelte Liebhaber und flotte Dreier sind die Themen dieses Kapitels.

### Definition des Ehebruchs

Bevor man wegen eines Seitensprungs verurteilt werden kann, muss zunächst einmal geklärt werden, wo genau der Ehebruch beginnt. Beim Flirten, Küssen, Fummeln oder erst beim Sex? Dem Reichsgericht verdanken wir Aufklärung.

*Der Ehebruch, ein »Vergehen wider die Sittlichkeit«, wird, der Natur der Sache (…) entsprechend, durch die Geschlechtsvereinigung eines Ehegatten mit einer dritten Person erfüllt. Durch den, den Bruch der ehelichen Treue erweisenden, Beischlaf wird der Ehegatte und der andere Beteiligte »schuldig«, wird die entscheidende Handlung begangen.* RGSt 7 1882, S. 298

*Dagegen stellt ein unerlaubter schamloser Verkehr des einen Ehegatten mit einer dritten Person anderen Geschlechts, mag er noch so sehr den Regeln und Geboten der Ehre, Zucht und Sitte Hohn sprechen, für sich allein, falls es faktisch nicht bis zur Vollziehung des Beischlafes gekommen ist, einen Ehebruch nicht dar.*

RGSt 14 1886, S. 352

### Flotter Dreier

Wenige Monate nach der Hochzeit erfährt die Ehefrau, dass ihr Mann fremdgeht. Zur Rede gestellt fordert er sie auf, diese Beziehung nicht nur zu tolerieren, sondern aktiv am Geschlechtsverkehr zu dritt teilzunehmen. Das Oberlandesgericht gibt dem Begehren auf Scheidung vor Ablauf des Trennungsjahres statt und äußert seine moralische Entrüstung wie folgt:

*Gemessen daran ist der Antragsgegner ein Ehebrecher der schlimmsten Sorte, dem jegliches Gefühl für Anstand und Moral fehlt, der nicht die Spur einer ehelichen Gesinnung besitzt und die Würde der Antragstellerin als seiner Ehefrau regelrecht mit Füßen tritt, indem er ihr nicht nur die Tolerierung seines fortwährenden Ehebruchs angesonnen hat, sondern ihr die Ausübung des Geschlechtsverkehrs zu dritt angetragen und ihre Weigerung mit dem höhnischen Bemerken quittiert hat, bei seiner Freundin finde er das, was die – von ihm so bezeichnete – prüde Antragstellerin ihm nicht geben könne. (…) Wenn die Antragstellerin es als Schmach und erniedrigend empfindet, mit einem solchem Mann auch nur einen Tag länger verheiratet sein zu müssen, ist dem aus Sicht des Senats nichts hinzuzufügen.* OLG Köln NJW-RR 1996, S. 519

**Beleidigung durch Ehebruch**

Ein Ehemann muss den Liebhaber seiner Frau nicht ohne Weiteres dulden.

*Die geschlechtlichen Annäherungen gegenüber der Frau W. sind, da dem Angeklagten das Eheverhältnis bekannt war, zugleich eine Beleidigung des Ehemannes. (…) Dem verletzten Ehegatten ist es nicht zuzumuten, die im »Ehebruch« mit dem daran schuldlosen Gatten liegende schwere Ehrenkränkung deshalb ungesühnt hinzunehmen, weil der mangels eines Scheidungsrechts unanwendbare § 172 zugleich auch den Weg zum § 185 verschlösse.*

BGH NJW 1952, S. 476

**Darf der Liebhaber verprügelt werden?**

Ein Ehemann hat den Verdacht, dass seine Frau fremdgeht. Während sie ihn in der Nachtschicht wähnt, kommt er kurz vor 03.00 Uhr morgens unerwartet nach Hause. Im ehelichen Schlafzimmer erwischt er seine Frau mit ihrem Liebhaber in flagranti. Daraufhin schlägt der Ehemann den Geliebten krankenhausreif. Dieser erleidet Prellungen, Platzwunden und eine Wadenbeinfraktur. Der Hausfreund verklagt den gehörnten Ehemann auf ein Schmerzensgeld von mindestens 500 Euro. Dazu das Landgericht Paderborn:

*Trifft ein Ehemann im Schlafzimmer der Ehewohnung seine Ehefrau in flagranti mit einem Dritten an und greift er daraufhin in aufflammendem Zorn den Liebhaber der Ehefrau tätlich an und verletzt ihn, so kann das Mitverschulden des Verletzten im Einzelfall so hoch zu bewerten sein, daß jedenfalls ein Schmerzensgeldanspruch nicht besteht. So liegt der Fall hier.*

*Der Schmerzensgeldanspruch dient grundsätzlich nicht dem Zweck, demjenigen, der in eine fremde Ehe eindringt, hierbei im ehelichen Schlafzimmer in flagranti gestellt wird und sich dann einem nach den Umständen zu erwartenden körperlichen Angriff des Ehemannes ausgesetzt sieht, hierfür noch eine Genugtuung in Form eines Schmerzensgeldes zu verschaffen.*

LG Paderborn NJW 1990, S. 260

**Der Sexualtrieb des Strafverteidigers**

Dieser Fall zeigt: Auch Juristen haben ab und zu gewisse Neigungen. Ein Strafverteidiger war ein intimes Verhältnis mit der Ehefrau seines Mandanten eingegangen, der sich zu diesem Zeitpunkt in Untersuchungshaft befand. Der gehörnte Ehemann echauffierte sich darüber lautstark in einem Zeitungsinterview und wurde prompt vom Anwalt verklagt – allerdings ohne Erfolg.

*Die Äußerung des Beklagten, der Kläger habe gegenüber der erstinstanzlich Beklagten »respekt- und schamlos zugeschlagen und die Abhängigkeit seiner Mandantin mißbraucht, nur um seinem Sexualtrieb nachzugehen«, war vom Recht des Beklagten auf Meinungsfreiheit gedeckt. Der Kläger, der unstrittig als Strafverteidiger des Beklagten mit dessen Ehefrau ein intimes Verhältnis einging, während der Beklagte Untersuchungshaft verbüßte, muß hinnehmen, daß der Beklagte dieses Fehlverhalten auch in der Öffentlichkeit mit entsprechend harten Bewertungen versieht.*

OLGR München 2000, S. 361

**Schändung des Ehebetts**

Wenn ein Ehemann tatenlos zusieht, wie seine Frau sich mit einem anderen im Biedermeier-Bett vergnügt, hat er keinen Grund für eine Scheidungsklage.

*Die Beklagte (Ehefrau) hat zwar eingeräumt, den der Ehescheidungsklage zum Grunde gelegten Ehebruch in der Nacht des 14. August d. J. begangen zu haben. Nach seiner eigenen Angabe hat aber der Kläger (Ehemann) sich zur Beobachtung des ehebrecherischen Verkehrs in seiner eigenen Wohnung unter das Bett, in welchem er mit seiner Frau zu schlafen pflegt, versteckt und, statt die in diesem Bette späterhin geschehene Vollführung des Ehebruches zu hintertreiben, es ruhig zugegeben, daß in seiner Gegenwart die ehebrecherische Beiwohnung vorbereitet wurde und wiederholt vor sich gegangen ist.*

*Der Kläger hat demzufolge die Schändung seines Ehebettes geflissentlich geduldet und den seine Ehre verletzenden Ehebruch nicht allein nicht verhindert, sondern vielmehr, um zu seiner Scheidungsklage eine vermeintliche Ursache zu gewinnen, stillschwei-*

*gend gebilligt. Dieses unsittliche und widerrechtliche Benehmen des Klägers erscheint aber mit Rücksicht auf den Rechtsgrundsatz, wonach niemandem aus einer eigenen unsittlichen Handlung ein Klagerecht eingeräumt wird, unvereinbar mit einer rechtlichen Begründung der auf den erwähnten Ehebruch gestützten Klage auf Ehescheidung oder Trennung von Tisch und Bett.*

OAG Kiel v. 06.12.1845

## Erziehung zum Mustergatten

Ein Ehegatte kann von dem anderen Ehegatten durch eine sogenannte Eheherstellungsklage die Unterlassung von Ehebruch, sonstigen Ehewidrigkeiten und speziell auch von Misshandlungen verlangen. Der entsprechende Antrag, dem stattgegeben wurde, sah wie folgt aus:

*Es wird beantragt, den Antragsgegner (Ehemann) zu verurteilen,*

1. *seine ständigen Beziehungen zu Fräulein X. aufzugeben*
2. *die Antragstellerin (Ehefrau) nicht mehr zu schlagen.*

Dem Klagantrag zu 1) würde heute allerdings vermutlich nicht mehr stattgegeben.

OLG Celle, Beschluss vom 08.04.1964 – 3 W 32/64

## Verhängnisvoller Partnertausch

Wer sich in Gefahr begibt, kommt darin um. Diese bittere Erfahrung musste ein Ehemann nach einem Partnertausch machen. Der Tausch sollte das eheliche Sexleben etwas aufpeppen. Also lud das Ehepaar ein anderes Ehepaar zu sich nach Hause ein. Die Partner wurden getauscht und in getrennten Zimmern der Geschlechtsverkehr vollzogen. Die Ehefrau war von den Qualitäten des neuen Liebhabers aber dermaßen überzeugt, dass sie ihn gleich im Haus behielt und den Ehemann in die Wüste schickte. Der so verstoßene Ehemann versuchte den Nebenbuhler per einstweiliger Verfügung im Rahmen der Ehestörungsklage auf die Straße zu setzen. Das Gericht wies die Klage aber ab. Schließlich hat sich der Ehemann diese Suppe selbst eingebrockt.

*Der Kläger kann vorliegend nicht unter dem Gesichtspunkt der Ehestörung die Beseitigung des Erstbeklagten aus seiner Ehewohnung verlangen. Denn er hat sich der schützenswerten Position einer am gesetzlichen Leitbild der Einehe ausgerichteten ehrenhaften und würdevollen Eheführung begeben, indem er durch den einverständlich praktizierten Partnertausch zumindest in Kauf genommen hat, daß der Erstbeklagte als Außenstehender in den ehelichen Intimbereich eingedrungen ist. (…) Wer den geschlechtsvertraulichen Umgang seines Ehegatten mit einem Dritten billigt, verletzt damit selbst die Integrität seiner Ehe und kann infolgedessen nicht verlangen, daß sie der Ehegatte und der Dritte achten. Insbesondere kann er es nicht als Beeinträchtigung seiner Ehre als Ehemann und seines Persönlichkeitsrechts geltend machen, daß sich das von ihm selbst mitarrangierte ehebrecherische Verhältnis zwischen seiner Ehefrau und deren Liebhaber vor seinen Augen abspielt. (…) Er kann nicht die Stellung und die Rechte eines betrogenen und hintergangenen Ehemannes für sich in Anspruch nehmen, nachdem er sich selbst dieser Position begeben hat.*

OLG Zweibrücken NJW 1989, S. 1614

## Unsittlicher Gruppensex

Wer Gruppensex betreibt, ist in sittlicher Hinsicht nicht geeignet, Kinder zu erziehen. Zu diesem Schluss kam zumindest das Oberverwaltungsgericht Münster:

*Die Teilnahme an Gruppensex und der dabei ausgeübte Partnertausch stellen zwar sexuelle Handlungen dar, die bei gegenüber früheren Zeiten gewandelten Moralvorstellungen auch bei Ehepaaren in der sozialen Wirklichkeit anzutreffen sein mögen, die gleichwohl von der ganz überwiegenden Mehrheit der bundesdeutschen Bevölkerung als ehepartnerschaftliches Verhalten abgelehnt werden. Der im Partnertausch liegende Ehebruch wird allgemein als ein dem Wesen der von Treue und innerer Bindung der Ehepartner zueinander (gerade auch im sexuellen Bereich) geprägten Ehe (vgl. § 1353 I BGB) widersprechendes Verhalten angesehen.*

OVG Münster NJW 1986, S. 1776

## Papa ist eben doch der Beste

*Die Aufnahme geschlechtsintimer Beziehungen einer unterhaltsbedürftigen Ehefrau zu ihrem 73-jährigen Vater stellt zwar ein verabscheuungswürdiges eheliches Fehlverhalten dar. Es führt aber dann für sich allein noch nicht zu einer Kürzung oder zu einem gänzlichen Wegfall ihres Nachscheidungsunterhaltsanspruchs nach BGB § 1579 Nr. 6, wenn ihre massiven Gegenvorwürfe (ihr Ehemann sei bereits zehn Jahre vor der Trennung ihr gegenüber einerseits lieblos, gefühlskalt und egoistisch gewesen, andererseits habe er vorübergehend eine geschlechtsbezogene Beziehung zu einer Kurbekanntschaft unterhalten) vom Unterhaltsschuldner nicht entkräftet worden sind.* OLG Karlsruhe NJW-RR 1999, S. 153

## Betrogene Geliebte

Verheiratete Männer versprechen ihren Geliebten häufig das Paradies auf Erden. Unter anderem auch die Scheidung von ihren Ehefrauen und ein anschließendes Leben zu zweit. So auch in dem vom Oberlandesgericht Hamm verhandelten Fall. Doch der Mann wollte seine Geliebte nur hinhalten. An eine Scheidung und eine Neuheirat mit ihr hatte er niemals ernsthaft gedacht. Das Gericht verurteilte ihn deshalb zur Zahlung eines Schmerzensgeldes in Höhe von 5000 DM.

*Der Beklagte hat die Klägerin durch Vorspiegeln einer jetzt zugegebenermaßen nicht vorhandenen Scheidungsabsicht in der ohnehin problematischen Entscheidung bestärkt, ein Verhältnis mit einem verheirateten Mann über lange Zeit fortzusetzen. Darüber hinaus sollte dieses Verhältnis nach der Absicht des Beklagten nie zu der von der Klägerin berechtigterweise erwarteten Eheschließung führen. Dieser Eingriff in die Entschließungsfreiheit der Klägerin und damit in ihr allgemeines Persönlichkeitsrecht rechtfertigt die Zubilligung eines Schmerzensgeldes in entsprechender Anwendung des § 847 Abs. 1 BGB.*

*Der Beklagte hat nicht nur in die innere Persönlichkeitssphäre der Klägerin eingegriffen, sondern sie darüber hinaus in ihrem Freundes- und Bekanntenkreis dem Gespött ausgesetzt. Im übrigen war zu Lasten der Klägerin nicht zu verkennen, daß in dem Verhältnis zu einem verheirateten Mann stets ein beträchtliches Risiko liegt und daß die Klägerin sich recht lange hat hinhalten lassen, ohne mißtrauisch zu werden.* OLG Hamm NJW 1983, S. 1436

## Verzeih mir

Ein Versöhnungsfick kann bekanntlich die durch einen Seitensprung brüchig gewordene Ehe wieder kitten. Dieser

Meinung schließt sich sogar der Bundesgerichtshof an, drückt dies nur etwas umständlicher aus:

*Die Verzeihung besteht in einem Verhalten des gekränkten Ehegatten, durch das er zum Ausdruck bringt, daß er trotz der ehewidrigen Handlungen des anderen Gatten, die ihn zunächst verletzt haben, die Ehe fortsetzen will.*

*Gerade auch in der Fortsetzung des ehelichen Verkehrs in Kenntnis der Verfehlungen des anderen Ehegatten ist objektiv die Kundgabe des Willens zur Versöhnung und zur Fortsetzung der Ehe gesehen worden … Es ist deshalb ausgesprochen worden, bei fortdauerndem ehelichen Verkehr sei davon auszugehen, daß die Ehegatten die Ehe fortsetzen wollten, eine andere Beurteilung sei nur unter besonderen Umständen möglich.* BGH NJW 1957, S. 949

## 8. Ferkelsprache

Wenn es im Bett so richtig zur Sache geht, können auch schon mal derbere Worte fallen. Wie tief dabei in die Schatzruhe des schmutzigen Vokabulars gegriffen werden darf, regelt das Gericht.

### Ficken

*Ficken ist als Synonym für die Ausübung des Geschlechtsverkehrs ein derber Vulgär- und Primitivausdruck.*

LG Berlin NJW 1997, S. 1371

### »Pimmel« ist o.k.

Mit der Frage *Wollt ihr mal einen dicken Pimmel sehen?* erschreckte der Angeklagte zwei Mädchen. Sie wollten nicht und liefen weg. Das Landgericht hat den Angeklagten u.a. wegen sexuellen Missbrauchs von Kindern in drei Fällen zu einer Gesamtfreiheitsstrafe von einem Jahr und neun Monaten verurteilt. Völlig falsch, so der Bundesgerichtshof, denn:

*Sie* (die Äußerung) *war zwar sexualbezogen und enthielt eine ungehörige, das Schamgefühl grob verletzende Zumutung. Doch lag darin keine verbale Einwirkung, die nach Art und Intensität der Demonstration pornografischen Materials vergleichbar gewesen wäre. Der Angeklagte beschränkte sich auf eine kurze Frage. Die dabei für das männliche Geschlechtsorgan gewählte Bezeichnung (»Pimmel«) war nicht obszön; sie entspricht einer Benennung, die unter Kindern und auch gegenüber Kindern weithin gebräuchlich ist, ohne als anstößig empfunden zu werden.*

BGH NStZ 1991, S. 485

**»Mein Name ist Lisa Loch«**

Die Gymnasiastin hatte als 16-Jährige den Schönheitswettbewerb *Miss Rhein-Ruhr* gewonnen. Einen Fernsehspot, in dem sie sich für eine Misswahl mit den Worten *Mein Name ist Lisa Loch und ich bin 16 Jahre alt* vorstellte, nahm der bekannte TV-Moderator Stefan Raab zum Anlass für eine Satire. Er kommentierte den Ausschnitt mit den Worten, die Frau habe einen tollen Namen, wenn sie ins Pornogeschäft einsteigen wolle. In den folgenden Wochen variierte Raab seinen Scherz noch mit zahlreichen ähnlichen Anspielungen. Unter anderem veröffentlichte er ein Wahlplakat der fiktiven *Lisa-Loch-Partei*, das ein kopulierendes Paar zeigte. Die junge Frau hatte nach ihrer Darstellung stark unter den öffentlichen Hänseleien gelitten. Das Oberlandesgericht Hamm verurteilte Raab, zwei Produktionsfirmen seiner Sendung und den Sender ProSieben zu einer Schadensersatzzahlung von 70.000 Euro. Für das Gericht waren die Grenzen der zulässigen Satire überschritten, da eine Minderjährige im Fernsehen nachhaltig in die Nähe der Pornobranche gerückt wurde. OLG Hamm NJW-RR 2004, S. 919

**Busenwitwe**

*Busenwitwe* – kaum war ihr Millionärs-Gatte tot, suchte sie einen neuen *älteren Mann*, musste Tatjana Gsell über sich in einer Zeitschrift lesen. Sie begehrte Unterlassung. Der Antrag blieb erfolglos, da die Bezeichnung als *Busenwitwe* nicht ehrkränkend ist:

*Eben weil sich die Antragstellerin nämlich ständig in obszönen und sexuell aufreizenden Posen in der Öffentlichkeit präsentiert, erscheinen ihre aus ihrem Persönlichkeitsrecht fließenden berechtigten Interessen an einer Unterlassung dieser Bezeichnung gegenüber den sich aus der Meinungsfreiheit der Antragsgegnerin ergebenden Interessen geringerwertig.*

*Da die Antragstellerin sich nach wie vor vor allem durch die Zurschaustellung ihres Körpers, insbesondere ihrer Brüste in den Medien in sexuell aufreizenden Posen präsentiert, sei es in Unterwäsche oder nackt, ist es nicht zu beanstanden, dass dieser Umstand auch mit entsprechenden Formulierungen von den Medien aufgegriffen wird. Auch die Verknüpfung mit dem Wort »Witwe« ist unter diesem Gesichtspunkt zulässig. Denn dass die Antragstellerin Witwe ist, ist von den in der Öffentlichkeit verbreiteten Lebensumständen der Antragstellerin einer der bekanntesten überhaupt, der erst dazu geführt hat, dass sich die Medien in besonderem Maße für die Antragstellerin interessierten.*

LG Berlin ZUM 2005, S. 331

**Das Sexmonster**

Eine Zeitung hatte das Foto eines Sexualstraftäters mit voller Namensnennung unter der Überschrift *Sexmonster* abgedruckt. Zu Recht, befand das Landgericht Berlin. Demnach ist es von der Meinungs- und Pressefreiheit gedeckt, wenn eine Zeitung in einem Artikel einen wegen eines sieben Wochen dauernden sexuellen Missbrauchs einer Frau in einem Keller verurteilten Straftäter unter voller Namensnennung als Sexmonster und Sexkeller-Monster bezeichnet und ein Foto von ihm veröffentlicht. Die Presse darf auch einprägsame und schlagwortartige Bezeichnungen verwenden, um die Aufmerksamkeit der Leser zu wecken. Eine unzulassige Schmahkritik liegt hier nicht vor, da es nicht darum geht, die Person ohne jeden sachlichen Bezug zu diffamieren. LG Berlin AfP 1999, S. 524

**»Du primitive kleine Nutte«**

Die Beleidigung einer Frau mit den Worten *Du primitive kleine Nutte* stellt eine schwere Verletzung des allgemeinen Persönlichkeitsrechts dar, die zur Zahlung einer billigen (= angemessenen) Entschädigung in Geld verpflichtet.

LG Köln NJW-RR 2002, S. 189

**Stöhnfrauen im Wortbordell**

Schlechte Karten für das *Service-Mädchen* einer Sex-Hotline.

Ein Kunde hatte die Telefonistin um die vereinbarten 60 DM für ein Sextelefonat geprellt. Nach Auffassung des Landgerichts Mannheim ist das Nichtzahlen des Lohns für Telefonsex jedenfalls kein vollendeter Betrug.

*Früher wie heute verstößt die Gewährung von Geschlechtsverkehr gegen Entgelt gegen die guten Sitten; weil deshalb der »Anspruch« der Dirne auf Entlohnung durch den Freier kein rechtlich geschütztes Vermögen darstellt, begeht, wer eine Prostituierte um den vereinbarten Lohn prellt, keinen Betrug (...). Gleiches muß auch gelten, wenn jemand telefonische »Sexgespräche« gegen Entgelt verspricht. Auch hier wird auf geschlechtliche Handlungen gegen Entgelt abgezielt, »Telefonsex« beschränkt sich nicht auf bloße sexuelle Redereien, sondern bezweckt durch simulierte Erregung des »Service-Mädchens«, den »Partner« am anderen Ende der Leitung zu sexueller Erregung und/oder Befriedigung zu bringen. Es handelt sich demnach um sexuelle Betätigungen mit wechselnden Partnern zu Erwerbszwecken, somit ebenfalls um Prostitution (»Wortbordelle«), was zum gleichen moralischen Unwerturteil führen muß.* LG Mannheim NJW 1995, S. 3398

## 9. Nackte Exhibitionisten

Wenn sich angezogene Menschen von ausgezogenen angezogen fühlen und sich deshalb dann selbst ausziehen, dann wird das für die Gerichte zum Problem. Besonders, wenn dies in der Öffentlichkeit geschieht. Deshalb müssen sich die Richter immer wieder mit FKK-Fans, Striptease-Tänzerinnen und Exhibitionisten herumschlagen. In diesem Kapitel wimmelt es von zeigefreudigen Mitmenschen.

### Was ist Exhibitionismus?

Ein etwas verklemmter Exhibitionist wollte ein *tolles Gefühl* erleben. Dazu benutzte er einen Kunstpenis, der einem erigierten Schniedelwutz täuschend echt nachgemacht war. Diesen seifte er mit einem Shampoo so ein, dass es wie ein Ejakulat aussah. Vor einer Schülerin nahm er dann an dem Kunstpenis onanierende Bewegungen vor. Das Landgericht Koblenz stellte fest, dass dies keine exhibitionistische Handlung i.S. d. § 183 StGB ist, da für diese das Entblößen des eigenen Gliedes essenziell ist. Exhibitionist ist nicht schon, wer nur eine Attrappe vorzeigt. Genützt hat dem Zeigefreudigen dies allerdings nichts, da er stattdessen wegen Erregung öffentlichen Ärgernisses gemäß § 183a StGB zu 6 Monaten Freiheitsstrafe auf Bewährung verurteilt wurde.

Landgericht Koblenz MDR 1997, S. 280

### Der Nacktläufer

Das Oberlandesgericht Karlsruhe hatte im Jahr 2000 über die Zulässigkeit der seltenen Sportart Nacktjoggen zu entscheiden. Ein Freiburger Sexualtherapeut hatte es sich zum

Hobby gemacht, regelmäßig nackt durch sein Wohnviertel zu joggen. Nach Ansicht des Gerichts erfüllt das Nacktlaufen den Tatbestand der *grob ungehörigen Handlung* gemäß § 118 OWiG und kostet 600 DM pro Übertretung. Zur Begründung führt das Oberlandesgericht aus: *Der Anblick seines entblößten Gliedes war auch objektiv geeignet, einen anderen in seinem Empfinden nicht unerheblich zu beeinträchtigen, das heißt Abscheu, Ekel, Schock, Schrecken oder Verletzung des Schamgefühls hervorzurufen.* OLG Karlsruhe, NStZ-RR 2000, S. 309

**Definition der Nacktheit**

Nackt ist nicht gleich nackt. Also ganz nackt. So unverhüllt und allgemein verbindlich hat zumindest das Verwaltungsgericht Freiburg definiert, was *nackt* eigentlich bedeutet:

*Nach der für die Bestimmung des objektiven Erklärungsinhalts maßgeblichen allgemeinen Auffassung ist »nackt«, wer unverhüllt bzw. unbekleidet im Sinne von unbedeckt ist, soweit die Bedeckung das allgemein Übliche unterschreitet, oder wer ohne die gewöhnliche Bedeckung ist. Entscheidend für das Vorliegen von »Nacktheit« eines Menschen ist damit nicht, dass dieser tatsächlich überhaupt keine stofflichen Teile an seinem Körper trägt. Vielmehr kommt es darauf an, daß der Mensch von Dritten als unverhüllt bzw. unbedeckt wahrgenommen werden kann, es für Dritte also so scheint, als trage er keine Kleidung. »Nackt« ist folglich nicht nur, wer überhaupt keine Kleidung trägt, sondern auch derjenige, der unverhüllt bzw. unbedeckt erscheint, so dass Dritte mit der blanken Haut bzw. den unmittelbaren Konturen des menschlichen Körpers, insbesondere des Schambereichs, konfrontiert werden.*

Verwaltungsgericht Freiburg,
Beschluss vom 21.03.2002, Az.: 4 K 2064/01

## Nackte Barbaren

FKK ist Schweinkram. Und wenn es einige Menschen doch machen müssen, dann sollen die anderen zumindest nichts darüber lesen können. Deshalb hielt es das Landgericht München 1953 für eine gute Idee, FKK-Zeitschriften aus dem Verkehr zu ziehen:

*Die Nacktkultur wird von dem überwiegenden Teil der Bevölkerung abgelehnt, da sie dem natürlichen Schamgefühl (...) widerspricht. Der Exhibitionismus wird im Volk als eine Verirrung angesehen und von den deutschen Gerichten auch entsprechend geahndet. Auch der nicht sexuell motivierte Exhibitionismus wird, wenn auch nicht unter dem Gesichtspunkt des § 183 StGB, so doch unter dem des groben Unfugs strafrechtlich verfolgt. Darin kommt zum Ausdruck, daß es in heutiger Zeit von der überwiegenden Volksmeinung aus als der Sitte zuwider abgelehnt wird, daß die Freikörperkultur die Öffentlichkeit beeinflußt oder in ihr hervortritt.*

LG München NJW 1953, S. 716

## FKK in der Ehe

Da FFK-Zeitschriften also leider verboten sind, muss man eben selbst ins Nacktbad gehen, um zu gucken. Aber darf das ein Ehepartner ohne Zustimmung des anderen?

*Die enge Verbundenheit der Ehegatten umfaßt auch die Verpflichtung, sich in bezug auf den Körper so zu verhalten, daß berechtigte Empfindungen des anderen Eheteils nicht verletzt werden. (...) Der Auffassung der aus der Lebensgemeinschaft entspringenden Pflichten entspricht es keineswegs, daß ein Ehegatte es sich gefallen lassen muß, daß der andere Gatte seinen völlig entblößten Körper den Blicken fremder Personen aussetzt, wie das beim Besuche eines Nacktbades notwendig der Fall ist, auch wenn es nicht aus sinnlichen Gründen geschieht.* RGZ 130 1930, S. 178

## Live-Sex

Live-Sex auf der Bühne war nichts, mit dem sich das Bundesverwaltungsgericht anfreunden konnte:

*Die öffentliche Vorführung des Geschlechtsverkehrs (...) unterliegt auch heute noch trotz einer weitgehenden Herabstufung sexualethischer Maßstäbe einem so eindeutigen Unwerturteil der Rechtsgemeinschaft, daß ihre Bewertung als sittenwidrig gerechtfertigt ist. Es entspricht nach wie vor der in der Rechtsgemeinschaft herrschenden Anschauung, daß der Geschlechtsverkehr zwischen Mann und Frau in einen Intimbereich gehört, der fremdem Einblick nicht zugänglich sein soll, und daß er nicht öffentlich vorgeführt und als Unterhaltung gegen Entgelt dargeboten werden darf.* BVerwG NJW 1982, S. 665

## Striptease ist keine Kunst

Ausziehen kann sich jeder. Deshalb sah das Verwaltungsgericht Meiningen auch keinen besonderen künstlerischen Wert in Stripteasevorführungen.

*Objektiv nachprüfbare Tatsachen, daß die Klägerin bei ihrem Tanz, selbst unter Berücksichtigung der Stripteasevorführung, besondere künstlerische Werte aufzeigt oder darbietet, die ausschließlich im Zusammenhang mit ihrer Person stehen und mithin allein durch sie verkörpert werden könnten, wurden ebenso wenig vorgetragen, noch ist dies aus den Akten ersichtlich. Dem »sich entledigen« von Kleidungsstücken per se einen besonderen künstlerischen Wert zu unterstellen, verbietet sich im Hinblick darauf, daß dies letztendlich von jedermann dargeboten werden kann.*

*Den (Striptease-)Tanz als Darbietung mit sportlichem Charakter zu verstehen, ist abwegig, da dieser – nach allgemeiner Lebenserfahrung – eher im Rahmen eines erotischen als sportlichen Wettbewerbs erfolgt.* VG Meiningen, Gerichtsbescheid vom 16. November 1998, Az..: 2 K 678/98.Me

### Zwielichtige Verhältnisse

Seltenes Problem: Es gibt offene Stellen, aber das Arbeitsamt will niemanden hinschicken.

Das Arbeitsamt kann sich grundsätzlich weigern, ausländische Striptease-Tänzerinnen an deutsche Nachtbars in *zwielichtigen Verhältnissen* zu vermitteln.

Ein Arbeitsamt hatte jahrelang Tänzerinnen aus Polen in eine nordrhein-westfälische Nachtbar geschickt. Nachdem es aber in mehreren Nachtbars zu Strafverfahren wegen Prostitution gekommen war, wollte die Behörde nun nicht mehr mit *rechtlich zwielichtigen Verhältnissen* zusammenarbeiten. Das Arbeitsamt brachte vor, es könne keine Razzien zur Klärung der rechtlichen Situation durchführen. Deshalb dürfe es sich weigern, überhaupt Tänzerinnen zu vermitteln. Dies sei grundsätzlich richtig, stellten die Richter des Bundessozialgerichts fest. Allerdings müsse im Einzelfall geprüft werden, ob es sich tatsächlich um *zwielichtige Verhältnisse* handele. Da nach der Neuregelung des § 121 SGB III grundsätzlich alle Beschäftigungen zumutbar sind, würde die Entscheidung heute wohl nicht mehr so ausfallen.

BSG ArbuR 1998, S. 260

### Hinter Gittern – Der Frauenknast

Im Showroom einer Gaststätte sollten Frauen in einem Käfig gezeigt werden. Der Verwaltungsgerichtshof München befand die Show für sittenwidrig und untersagte sie.

*Die vom Antragsteller beabsichtigte Veranstaltung würde die Würde der zur Schau gestellten weiblichen Personen verletzen, da sie diese zum Objekt herabwürdigen würde. Eine Frau in einem Käfig, die sich nach der Werbung des Antragstellers an Gitterstäbe klammert, würde in eine gleichsam zooähnliche Situation gedrängt und auf die gleiche Stufe mit zur Schau gestellten Tieren gestellt. Ihre Menschenwürde würde in besonderer Weise dadurch verletzt, daß ihr – gemäß der Werbung des Antragstellers – unterstellt wird, sie sei – um freizukommen – »zu allem bereit«, was nach der Ausgestaltung der Show ihre Bereitschaft ausdrücken soll, sie sei zu jeglichen sexuellen, sie in ihrer Persönlichkeit erniedrigenden Handlungen bereit.* VGH München NVwZ 1992, S. 76

**Der String-Tanga**

Oft zeigt knappe Badebekleidung ja mehr, als man eigentlich sehen möchte. So wurde einem Mann in einem Würzburger Freibad das Tragen eines String-Tangas untersagt. Seine Klage, mit der er die Aufhebung dieses Verbots begehrte, gab dem Amtsgericht Gelegenheit, sich mit anstößiger Badebekleidung einmal genauer auseinanderzusetzen:

*Dem Kläger ist insoweit Recht zu geben, als er eine Ungleichbehandlung behauptet. Die Ungleichbehandlung besteht darin, daß das sogenannte »Oben-ohne-Baden« von Frauen toleriert werde, während »String-Tangas« als anstößige Badebekleidung bezeichnet und verboten werden. Die Behauptung der Beklagten, das Gesäß eines Mannes sei mit den Brüsten einer Frau nicht zu vergleichen, ist zwar zweifelsohne zutreffend. Im Hinblick auf den Zweck der Bayerischen Badeverordnung und die Benutzungsbedingungen der Beklagten kann jedoch der zu vergleichende Sachverhalt nicht auf diese anatomischen Unterschiede begrenzt werden. In beiden Fällen handelt es sich um Badebekleidung, die nicht von der Mehrheit der Badegäste getragen wird. Diese Badebekleidung wurde vor einigen Jahren noch einhellig als sittlich anstößig empfunden. Mittlerweile ist davon auszugehen, daß sie in weiten Bevölkerungskreisen zumindest toleriert wird. In der Duldung der einen Bekleidungsart und dem Verbot der anderen ist daher eine ob-*

*jektive Ungleichbehandlung vergleichbarer Sachverhalte zu sehen. Es kann daher dahingestellt bleiben, ob – wie der Kläger meint – ein entblößtes Gesäß weniger unsittlich ist als unbedeckte Geschlechtsmerkmale.* AG Würzburg NJW-RR 1993, S. 1332

**Peep-Show**

Nach einer Grundsatzentscheidung des Bundesverwaltungsgerichts sind Peep-Shows sittenwidrig:

*Demgegenüber wird bei der Peep-Show der auftretenden Frau eine entwürdigende objekthafte Rolle zugewiesen, wobei mehrere Umstände der Veranstaltung zusammenwirken: die durch die Art der Bezahlung vermittelte Atmosphäre eines mechanisierten und automatisierten Geschäftsvorganges, bei dem der Anblick der nackten Frau wie die Ware eines Automaten durch Münzeinwurf verkauft und gekauft wird; die durch den Fensterklappenmechanismus und den einseitigen Sichtkontakt hervorgehobene verdinglichende Isolierung der als Lustobjekt zur Schau gestellten Frau vor im Verborgenen bleibenden Voyeuren; der durch diesen Geschehensablauf besonders kraß hervortretende Eindruck einer entpersonifizierenden Vermarktung der Frau; die Isolation auch des allein in der Kabine befindlichen Zuschauers und das damit verbundene Fehlen einer sozialen Kontrolle; die durch das System der Einzelkabine bewußt geschaffene Möglichkeit der Selbstbefriedigung und deren kommerzielle Ausnutzung. Diese Umstände bewirken in ihrer Gesamtheit, daß die zur Schau gestellte Frau durch den Veranstalter wie eine der sexuellen Stimulierung dienende Sache zur entgeltlichen Betrachtung dargeboten und jedem der in den Einzelkabinen befindlichen, der Frau nicht sichtbaren Zuschauer als bloßes Anregungsobjekt zur Befriedigung sexueller Interessen angeboten wird. Dies rechtfertigt das Urteil, daß die zur Schau gestellte Frau durch diese – sogenannte Peep-Show als gewerbsmäßige öffentliche Ver-*

*anstaltung i. S. von § 33a GewO in ihrer typischen Eigenart kennzeichnende – Art und Weise der Darbietung erniedrigt und dadurch in ihrer Menschenwürde verletzt wird.*

BverwG NJW 1982, S. 664

# 10. Schwul & lesbisch

Die gleichgeschlechtliche Liebe ist zur Fortpflanzung tendenziell ungeeignet und wurde deshalb bis vor nicht allzu langer Zeit als strafbare Unzucht behandelt.

### Sexuell total verwildert

Die Mutter ist berechtigt, zwei Lesbierinnen den Umgang mit ihrer minderjährigen Tochter untersagen zu lassen. Das entschied das Berliner Landgericht 1985. Eine der Gespielinnen der Tochter hatte bereits Aufenthalte in der Nervenklinik hinter sich und bezeichnete sich selbst als *tätowiert* und *sexuell total verwildert.* Aus dem Urteil:

*Gleichgeschlechtlichkeit ist – je nach ihrer Ausprägung – vielfach eine menschliche Fehlentwicklung, die für den von ihr Betroffenen auf seinem ferneren Lebensweg großen Kummer und große Erschwernisse mit sich bringen kann – z.B., wenn er seine eigene subjektive Unfähigkeit erleben muß, eine richtige Familie zu gründen und von einem geliebten oder geschätzten Partner ein Kind zu empfangen – und die ihn für seine Umwelt zum beargwöhnten und abgelehnten Außenseiter stempeln kann. Gleichgeschlechtlichkeit mag in einzelnen Fällen anlagebedingt und durch Umwelteinflüße nicht zu beseitigen sein. Gleichgeschlechtlichkeit kann jedoch durch Bieten von Gelegenheit oder gar durch Verführung nicht selten verursacht oder verstärkt werden, so daß es für Eltern grundsätzlich und von vornherein gilt, entsprechende Umwelteinflüße von ihren minderjährigen Kindern fernzuhalten.*

LG Berlin FamRZ 1985, S. 519

### Verbotene Männer-Freundschaft

Der Bundesgerichtshof hatte zu prüfen, ob die Zeitschrift *Die Freundschaft*, die in einem Homolokal verkauft wurde, unzüchtig war. Er bejahte den unzüchtigen Charakter der Zeitschrift. Darauf, dass die Zeitschrift sich nur an Homosexuelle wende und deren Scham- und Sittlichkeitsgefühl durch ihren Inhalt nicht verletzt werde, komme es demnach nicht an:

*Soweit es sich bei den Gästen um Männer handelt, die aus sittlicher Verkommenheit der mannmännlichen Unzucht nachgehen, bedarf dies keiner näheren Begründung; denn daß ihre Anschauung nicht maßgebend sein darf, leuchtet ohne weiteres ein. Aber auch das Empfinden der Männer, deren gleichgeschlechtliche Triebrichtung anlagebedingt ist oder auf einer Gehirnerkrankung beruht, ist nicht ausschlaggebend. Denn der richtige Maßstab für die Beurteilung der Frage, was der allgemeinen Zucht und Sitte entspricht, kann nur die Anschauung des normalen gesunden Menschen sein (vgl. hierzu RGSt. 32, 418; 37, 315: »Normalmensch«, »normales Schamgefühl«). Auch solche Menschen verkehren in Gaststätten der geschilderten Art, sei es aus Neugierde, sei es aus Unkenntnis. Auf ihr Urteil allein kommt es an. Die Strafkammer hat deshalb mit Recht den unzüchtigen Charakter der Zeitschrift »Die Freundschaft« bejaht.* BGHSt 3 1952, S. 295

### Unzüchtige Küsse

Mit der Frage, ob Zungenküsse (siehe auch S. 12) Unzucht sind, beschäftigte sich 1963 das Oberlandesgericht Stuttgart. Die differenzierte und wohlüberlegte Antwort war: Kommt drauf an, zwischen wem diese Küsse ausgetauscht werden.

*Der Austausch von Zungenküssen unter Männern ist als Unzucht i.S. des § 175 StGB anzusehen.*

*So sind Küsse zwischen Mann und Frau grundsätzlich auch dann nicht als unzüchtig anzusehen, wenn die Frau damit nicht einverstanden war. Und selbst Zungenküsse sind nicht ohne weiteres unzüchtige Handlungen, wenn die Beteiligten erwachsene Personen verschiedenen Geschlechts sind. Doch läßt sich diese Auffassung nicht auf die Fälle übertragen, in denen Männer einander Zungenküsse geben. Unter Männern getauscht, sind diese nicht mehr als bloß abstoßende Unanständigkeit, die als solche nicht mehr tatbestandsmäßig wäre, sondern als unmittelbar schamverletzende Verirrung anzusehen. So hat denn die höchstrichterliche Rechtsprechung wollüstige Umarmungen zwischen Männern, verbunden mit Zungenküssen und Bewegungen des Unterkörpers, als Unzucht i.S. des § 175 StGB gewertet. An dieser Auffassung ist festzuhalten. Sie entspricht auch gegenwärtig noch dem Empfinden unverbildeter Menschen.* OLG Stuttgart NJW 1963, S. 1684

Bleibt die Frage, wie denn eigentlich Zungenküsse zwischen Frauen zu bewerten sind …

**Der Begriff der Onanie**

Der Arbeiter B. hatte im Sommer 1933 das Geschlechtsteil des Angeklagten ergriffen und *bei ihm bis zum Samenerguß onaniert*, das soll heißen: mit seiner Hand daran gerieben. Dieser Sachverhalt, seinerzeit als Unzucht zwischen Männern gem. § 175a StGB angeklagt, gab dem Reichsgericht Anlass, den Begriff der *Onanie* zu erklären:

*Bei der sogenannten »Onanie« ist es unerheblich, ob die Betätigung des einen Mannes mit der Hand an dem Gliede des anderen durch Reiben, Drücken oder Betasten (Anfassen) geschieht und ob die Hand dabei zu einer Höhlung gekrümmt ist oder nicht. Entscheidend ist vielmehr, ob dabei bezweckt ist, durch diese Betä-*

*tigung das Glied des anderen in Erregung zu versetzen und ihm durch Herbeiführen des Samenergußes geschlechtliche Befriedigung zu verschaffen.* RGSt 71 1937, S. 281

## Triolenverkehr

Der Angeklagte hat zwei Schwulen bei der wechselseitigen Onanie und dem wechselseitigen Oralverkehr zugeschaut. Ob sich der lediglich zuschauende dritte Mann damit auch strafbar gemacht hat, musste der Bundesgerichtshof 1953 entscheiden.

*Ein »Unzuchttreiben mit einem anderen« liegt schon dann vor, wenn der Täter bewußt den anderen Mann veranlaßt, den Körper, insbesondere den Geschlechtsteil, zu entblößen und wollüstigen Blicken preiszugeben. Um so mehr ist bei einem Triolenverkehr unter Männern, wie es hier festgestellt ist, ein Unzuchttreiben des Triolisten, d.h. des lediglich zuschauenden Mannes, jedenfalls dann anzunehmen, wenn er die beiden anderen Männer oder auch nur einen von ihnen zum Mitmachen bestimmt hat.*

BGHSt 5 1953, S. 88

## Fickende Ärsche und steife Schwänze

Drei Schwulen- und Lesbenchöre begehrten die Aufnahme in den Badischen Sängerbund. Dieser lehnte empört ab. Die Kläger verstünden ihren Chorgesang vornehmlich als Ausdrucksmittel ihrer sexuellen Neigungen. Dies werde dadurch gestützt, dass von den Mitgliedern der Kläger bei ihren Aufführungen auszugsweise *fickende Ärsche* und *steife Schwänze* besungen würden. Das sah das Landgericht anders und gab der Klage statt.

*Der Beklagte hat keinen sachlichen Grund für die Ablehnung der Aufnahme der Kläger als Mitglieder dargelegt. Die sexuellen Neigungen der Mitglieder der Kläger sind nur ein identitätsstiftendes Merkmal, wie sie vielfach für die Mitgliedschaft bei Chören – zum Beispiel Männerchöre, Betriebschöre, Innungschöre oder landsmannschaftliche Chöre – anzutreffen sind. Diese sexuellen Neigungen stehen nicht im Gegensatz zum Chorgesang und verstoßen damit auch nicht gegen die Satzung des Beklagten, der die Pflege, Förderung und Ausbreitung des Chorgesangs bezweckt. Sämtliche Kläger haben die Pflege des Chorgesangs als einzigen oder vorrangigen Satzungszweck und weisen lediglich durch die Namensgebung oder den weiteren Satzungszweck auf die sexuellen Neigungen ihrer Mitglieder hin. Entgegen der Auffassung des Beklagten ist auch nicht ersichtlich, dass die Kläger trotz des erwähnten Satzungszwecks die Mitgliedschaft beim Beklagten nur erstreben, um auf ihre sexuellen Neigungen aufmerksam zu machen oder um hierdurch die Emanzipation von Schwulen und Lesben zu unterstützen und deren Diskriminierung entgegenzuwirken. Hiergegen spricht bereits, dass die Chöre seit Jahren bestehen.*

LG Karlsruhe NJW-RR 2002, S. 111

**Der Zwitter**

Im März 1966 wird Michel, ein Junge, geboren. So erfolgt auch der Eintrag ins Geburtenbuch. Nach einem halben Jahr beantragen die Eltern die Berichtigung des Geburtseintrags. Michel ist eher eine Tochter und soll jetzt Birgit heißen. Auch das wird eingetragen. Mehrfache Operationen sollen Birgit dann endgültig zur Frau machen, bleiben aber letztlich erfolglos. Daraufhin nennt Birgit sich wieder Michel. Sie fühle sich zwar weder dem männlichen noch dem weiblichen Geschlecht zugehörig, empfinde es jedoch als weniger belastend, als Mann angesprochen zu werden.

Irgendwann hat Michel/Birgit dies Hin und Her zwischen Mann und Frau satt und verlangt vom Standesbeamten als sein Geschlecht *zwittrig einzutragen*. Hilfsweise beantragt er die Bezeichnung als *Hermaphrodit* oder als *intersexuell* bzw. *intrasexuell*.

Das Amtsgericht hat den Antrag mit der Begründung zurückgewiesen, er sei nicht auf eine zulässige Eintragung gerichtet: Als Geschlechtsbezeichnung im Personenstandsregister ist nur die Bezeichnung *männlich* oder *weiblich* vorgesehen. Auch die medizinische Wissenschaft setzt Zweigeschlechtlichkeit als gegeben voraus. Die in Art. 2 I und Art. 1 I GG garantierten Grundrechte erforderten nicht, dass *Zwitter* als drittes Geschlecht personenstandsrechtlich anerkannt wird. Rechtsordnung und soziales Leben gehen von dem Prinzip aus, dass jeder Mensch entweder weiblichen oder männlichen Geschlechts ist.

AG München NJW-RR 2001, S. 1586

# 11. Wollüstiges Auspeitschen

Die Verführung Minderjähriger und die gewaltsame Erzwingung von Sex sind die Themen dieses Kapitels. Sie erfahren, ob Sperma als Schmiermittel taugt, ob man einen Transsexuellen vergewaltigen kann und ob Grenzüberschreitungen im Ehebett strafbar sind.

## Sex als Beleidigung

Der Geschlechtsverkehr eines Mannes mit einem noch nicht 18-jährigen Mädchen kann dies beleidigen, befand 1953 der Bundesgerichtshof.

*Bei Würdigung der Frage, ob die Ch. D. durch den Geschlechtsverkehr beleidigt worden ist, ist zu beachten, daß geschlechtliche Beziehungen eines Mannes zu einem unreifen Mädchen in der Regel einen Angriff auf dessen Geschlechtsehre enthalten. Dessen ehrverletzender Charakter wird durch die Einwilligung der noch unentwickelten Person für gewöhnlich nicht ausgeschlossen, weil ihr erfahrungsgemäß das volle Verständnis für den Begriff der Geschlechtsehre und den Wert ihrer Wahrung noch abgeht. Sie kann auf den Schutz ihrer Geschlechtsehre nicht wirksam verzichten.*

BGHSt 5 1953, S. 362

## Frühreife Lolita

Ein 35-jähriger Mann hatte ein 12-jähriges Mädchen entjungfert. Dieses war nach dem ersten Geschlechtsverkehr offenbar auf den Geschmack gekommen und verkehrte, meist wiederholt, mit mindestens 18 anderen Männern. Das Mädchen wollte dann aber, vertreten durch ihre Adoptivmutter, einen Schadensersatzanspruch *wegen geschlechtlicher*

*Verwahrlosung* gegen den Entjungferer geltend machen. Die Klage blieb in allen drei Instanzen erfolglos.

*Hat der erstmalige Geschlechtsverkehr mit einem Mädchen unter 14 Jahren zu dessen sittlicher Verwahrlosung geführt, so kann die diese Tat betreffende Strafvorschrift als Schutzgesetz auch einen Anspruch auf Ersatz der Kosten der dadurch notwendig gewordenen Fürsorgeerziehung rechtfertigen.*

*Der Ursachenzusammenhang zwischen der Defloration eines zwölfjährigen Mädchens und dessen alsbaldiger Aufnahme wahllosen Geschlechtsverkehrs mit zahlreichen Männern ist von dem geschädigten Mädchen im Einzelfall zu beweisen.*

*Daß diese ungünstige Entwicklung, die wesentlich von dem vom Beklagten nicht ersichtlich weiter beeinflußten, wenn auch unreifen Willen der Klägerin selbst getragen wurde, ohne des Beklagten erste Verfehlung nicht eingetreten sein würde, erscheint demnach eher unwahrscheinlich und keinesfalls beweisbar. Denn nach der Lebenserfahrung fehlt es trotz der Strafdrohung des Gesetzes bei entsprechend bereitwilligem oder gar herausforderndem Verhalten eines Mädchens in diesem Alter nie an Männern und Halbwüchsigen, die sich mit ihr einzulassen versuchen.*

BGH FamRZ 1978, S. 493

## Wollüstiges Auspeitschen

Ein Pastor ließ zwei Mädchen sich ausziehen und peitschte sie dann zu Erziehungszwecken aus. Er wurde wegen Verbrechens der Unzucht mit Abhängigen in Tateinheit mit gefährlicher Körperverletzung verurteilt. Denn wer ein nacktes Mädchen auspeitscht, handelt aus Wollust. Zu Erziehungszwecken war weder die harte Bestrafung noch das Ausziehen erforderlich. BGHSt 13 1959, S. 138

### »Ich will auf Dich spritzen«

Der Angeklagte hatte eine Frau umfasst, sein Glied aus der Hose geholt und die Frau aufgefordert, ihm zuzusehen, während er einen halben Meter seitlich von ihr entfernt onanierte. Schließlich sagte er zu ihr: *Ich will auf Dich spritzen*, stellte sich hinter sie und bespritzte ihre Lederjacke mit Sperma, während er sie mit einem Arm festhielt. Der Bundesgerichtshof hob die Verurteilung wegen sexueller Nötigung gem. § 178 Abs. 1 StGB auf. Dieser Tatbestand setzt körperliche Berührung voraus. Sie ist nur erfüllt, wenn der Täter mit seiner sexuellen Handlung auf den Körper des Tatopfers einwirkt, ihn in Mitleidenschaft zieht.

*Richtet sich dagegen der (sexuell intendierte) Angriff nur gegen die Kleidung des Tatopfers (...) so sind die Voraussetzungen nicht erfüllt. Ein solches Verhalten läßt sich weder nach dem Wortlaut noch nach dem Zweck der Vorschrift unter den Begriff der sexuellen Handlung »an« einem anderen subsumieren. (...) Im vorliegenden Fall suchte der Angeklagte seine sexuelle Befriedigung darin, daß er gegen eine Frau ejakulierte. Mit seiner sexuellen Handlung zog er aber nicht ihren Körper in Mitleidenschaft; sie hatte vielmehr nur Auswirkung auf die Kleidung des Tatopfers.*

Der BGH hielt zwar nicht sexuelle Nötigung, wohl aber Nötigung nach § 240 StGB in Tateinheit mit exhibitionistischer Handlung § 183 StGB für verwirklicht.

BGH NStZ 1992, S. 433

### Zudringliche Umarmung

Der Möchtegern-Vergewaltiger war fast am Ziel, dann wurde sein Opfer ihn los. Zumindest blieb dem traurigen Stecher zusätzlich zur Abweisung eine Bestrafung als Sexualtäter erspart.

*Der Versuch, sie zu umarmen und zu küssen, stellte zwar eine grobe Zudringlichkeit dar, war aber selbst noch keine sexuelle Handlung. Gleiches gilt für die – erfolglosen – Bemühungen des Angeklagten, die Zeugin zu entkleiden; diese Bemühungen waren von ihm aus gesehen zwar Mittel zur Ermöglichung des beabsichtigten Sexualakts, nicht jedoch ihrerseits sexuelle Handlungen im Sinne des § 184 c Nr. 1 StGB. An dieser Beurteilung ändert auch nichts, daß der Angeklagte während der geschilderten Zudringlichkeiten sein erigiertes Glied aus der geöffneten Hose heraussstehen ließ, da insoweit keine Berührung des Körpers der Zeugin stattfand.* BGH BGHR StGB 1988 § 178 Abs. 1 sexuelle Handlung 2

**Sperma als Schmiermittel**

Die Zeugin W. wurde nach erfolgter Operation in den Aufwachraum gebracht, in dem der Angeklagte als Krankenpfleger arbeitete. Der Angeklagte legte seinen entblößten und erigierten Penis auf den nackten Oberschenkel der Geschädigten und ejakulierte. Sein Sperma wischte er anschließend mit einem Lappen ab. Die Zeugin W. bekam das mit und erzählte dem Stationsarzt später davon. Es wurde ein Spermafleck im Bett sichergestellt und mittels DNA-Analyse als das Sperma des Angeklagten identifiziert.

Der Angeklagte bestritt die Tat, es handele sich um einen narkosebedingten Sexualtraum der Patientin. Im Hinblick auf den im Bett der Zeugin W. aufgefundenen Spermafleck erklärte er, er habe sein Sperma als Gleitmittel verwenden wollen, um die Zeugin in deren Krankenbett einfacher zurechtrücken zu können. Hierzu habe er im Nachbarzimmer in einen Handschuh ejakuliert und den Inhalt sodann neben der Zeugin W. auf das Bettlaken gegossen.

Diese Ausrede hielt das Gericht für lebensfremd und absurd. Zusammen mit einer weiteren Tat gab es dafür eine Freiheitsstrafe von drei Jahren und zehn Monaten.

OLG Celle NStZ-RR 2005, S. 263

**Fiasko im Ehebett**

Aus dem Sexleben eines Ehepaares:

*Man versuchte es zuerst im Stehen, und dann in der Form, dass der Angeklagte sich auf das Bett legte und die Zeugin sich auf ihn setzte. Da beides indes nicht zum gewünschten Erfolg führte, begab die Zeugin sich schließlich in die vom Angeklagten bevorzugte Position, indem sie sich vor dem Bett auf den Boden kniete, mit den Armen am Bett abstützte und der Angeklagte von hinten in ihre Scheide eindrang. Dabei vertraute sie darauf, dass der Angeklagte sich auf Grund der vorangegangenen Gespräche auf sie einlassen und weiterhin zärtlich sowie rücksichtsvoll mit ihr verfahren werde. Zudem fühlte sie sich sicher, da ihr die Möglichkeit verblieb, nach vorne auszuweichen. Der Geschlechtsverkehr verlief in dieser Form zunächst auch eine kurze Zeit für die Zeugin zufrieden stellend, bis der Angeklagte plötzlich unvermittelt und überraschend die Pobacken der Zeugin auseinander riss und derart heftig sein Glied in ihre Scheide stieß, dass sie bis in den Oberbauch Schmerzen verspürte. Überdies schlug er sie auf das Gesäß und begleitete das Ganze mit Ausdrücken der Vulgärsprache. Der Angeklagte hielt es dabei zumindest für möglich, über die von der Zeugin für die Ausübung des Geschlechtsverkehrs gesteckten Grenzen hinauszugehen, setzte sich darüber jedoch hinweg und nahm dies billigend in Kauf. Die Zeugin reagierte auf diese Entwicklung des Geschlechtsakts, indem sie durch eine Bewegung nach vorn auswich und den Angeklagten mit dem Fuß wegstieß. Wütend verließ sie das Schlafzimmer und kündigte ihm an, nie wieder Sex mit ihm haben zu wollen.*

Die Frau erstattete Anzeige wegen Vergewaltigung. Der Mann wurde vom Amtsgericht und Landgericht auch deswegen verurteilt. Das Oberlandesgericht sprach ihn jedoch frei, weil es für eine Vergewaltigung nicht ausreiche, wenn der Mann bei der Ausübung des zunächst einvernehmlich begonnenen Geschlechtsverkehrs die von seiner Ehefrau festgesetzten Grenzen überschreite.

OLG Köln NStZ-RR 2004, S. 168

**Transsexuell**

Der Täter zwang einen zur Frau umoperierten Mann mit vorgehaltener Waffe zum Geschlechtsverkehr. Überraschenderweise ist das keine Vergewaltigung, denn Beischlaf i.S. v. § 177 StGB ist eine Handlung, die ihrer Art nach allgemein zur Zeugung geeignet sein muss. Nur Frau und Mann können den Beischlaf ausüben. Das Landgericht Mannheim stellt treffend fest, dass frauenähnlich und Frau nicht das gleiche sind:

*Besteht jedoch wie bei einem transsexuellen Menschen, bei dem durch eine plastische Operation und durch eine Behandlung mit hohen Hormondosen eine äußerliche Angleichung an das Erscheinungsbild einer Frau erreicht wurde, weder praktisch noch theoretisch in der Vergangenheit oder Zukunft die Möglichkeit, ein Kind zu empfangen, so kann dieser, auch wenn er als »Frau« i.S. des § 177 StGB anzusehen wäre, niemals den Beischlaf im Rechtssinne mit einem Mann ausüben, sondern lediglich eine beischlafähnliche Handlung.* LG Mannheim NStZ 1997, S. 85

Der Fall stellte für das Landgericht aber immerhin eine sexuelle Nötigung dar.

## Sexsucht

Der Bundesgerichtshof empfiehlt als probates Mittel gegen die Sexsucht die Kastration:

*Ist der Geschlechtstrieb entartet und jedenfalls i.S. des § 51 Abs. 2 StGB überstark wirksam, so steht der Betroffene in der Gefahr immer erneuter Strafrückfälligkeit mit der Folge, erhebliche Abschnitte seines Lebens im Strafvollzug, in der Sicherungsverwahrung oder in Pflegeanstalten zubringen zu müssen. Kann er nach ärztlicher Erfahrung durch Keimdrüsenentfernung von dem entarteten Trieb befreit werden, gibt es ärztlich keinen milderen Ausweg und ist er mit dem Eingriff freiwillig einverstanden, so kann dieser trotz seiner Bedeutung und Folgen der Menschenwürde dienen …*

BGHSt 19 1963, S. 201

# 12. Tierischer Sex

Die handfest ausgelebte Tierliebe wurde früher als Sodomie bestraft. Heute kann jedermann gänzlich straffrei seinem sexuell erregten Hund die Eier kraulen oder sich die Büchse schlecken lassen.

## Was ist Sodomie?

Strafbare Tierliebe, was ist das überhaupt?, fragte sich der Bundesgerichtshof.

*Es ist demnach entsprechend dieser früheren Rechtsprechung zur widernatürlichen Unzucht zwischen Mensch und Tier eine dem natürlichen Beischlaf ähnliche Handlung notwendig. Ob diese Voraussetzung vorliegt, hat der Tatrichter zu entscheiden. Sie ist gegeben, wenn der Täter sein Geschlechtsteil an den Körper des Tieres, und zwar an dessen Geschlechtsorgan oder den After heranbringt und ähnlich wie bei der natürlichen Beischlafvollziehung verwendet. Nicht erforderlich ist dabei eine Vereinigung der Geschlechtsteile oder die Einführung in den After, auch nicht die Erreichung des Geschlechtsgenusses durch Samenerguss.*

BGHSt 2 1952, S. 269

## Büchsenschlecken

Der Reichsgerichtshof hatte sich mit folgendem Sachverhalt zu befassen:

*Denn wenn in den Urteilsgründen die Bekundung des Zeugen B. dahin wiedergegeben wird, daß er gesehen habe, wie der zwischen den gespreizten Beinen der Angeklagten stehende Hofhund sie »in der Gegend der Geschlechtsteile« – die der Zeuge selbst nicht habe sehen können – geleckt habe, so handelt es sich nur um eine auf dem Gebiete des Tatsächlichen liegende Schlußfolgerung, wenn weiterhin für erwiesen erachtet wird, daß die Angeklagte sich von einem großen Hofhunde an den Geschlechtsteilen hat lecken lassen, um ihren Geschlechtstrieb zu befriedigen.*

RGSt 23 1892, S. 289

**Tierische Geschlechtslust**

Wenn der Hundehalter nur die Geschlechtslust des Tieres befriedigen will und nicht aus eigener Geilheit handelt, liegt keine Sodomie vor. Zu diesem Schluss kam das Reichsgericht 1939 in folgendem Fall:

*Der Angeklagte hat wiederholt seinem Hund am Geschlechtsteile gespielt und daran herumgerieben. Als ihm das seine Frau eines Tages verbot, erklärte er ihr, der Hund müsse das auch haben, er komme doch nicht hinaus. (...) Der erkennende Senat ist der Ansicht, daß Fälle der zuletzt genannten Art nicht als widernatürliche Unzucht i.S. des Strafgesetzes angesehen werden können, da dieses nicht bloßen Verstößen gegen die Sittlichkeit und Schamhaftigkeit entgegentreten, sondern vornehmlich diejenigen Entartungen des menschlichen Geschlechtstriebes bekämpfen will, die als tierische Erniedrigungen eine Entwürdigung des Menschengeschlechtes bedeuten und von der gesitteten Welt zu allen Zeiten für verabscheuungswürdig gehalten worden sind. Wollte man den Begriff der widernatürlichen Unzucht weiter ausdehnen, so würden sich außerordentliche Schwierigkeiten bei der Abgrenzung des strafbaren Tatbestandes ergeben, da die Befriedigung des Geschlechtstriebes eines Tieres durch einen Menschen auch aus Gründen geschehen kann, die die Handlung nicht als strafwürdig, zum mindesten nicht in dem Maß erscheinen lassen, daß der Strafrahmen des § 175 b StGB angebracht wäre. Zu denken ist an wissenschaftliche Versuche, Tierpflege und geschlechtliche Entspannung aus Zweckmäßigkeits-*

*gründen, bloße Neugier und dgl. Sollte ausnahmsweise ein Fall so gestaltet sein, daß er nach gesundem Volksempfinden Strafe verdient, obwohl der Täter nicht aus Geilheit gehandelt hat, so bliebe als Abhilfe die Rechtsschöpfung des Richters nach dem § 2 StGB n. F.*

RGSt 73 1939, S. 88

**Sexuell erregte Kampfhunde**

Was passiert, wenn sexuell erregte Kampfhunde auf eine menstruierende Frau treffen? Hier ist die Antwort:

*Hat der Halter von Kampfhunden geeignete Sicherheitsmaßnahmen unterlassen, obwohl vorhersehbar war, daß die Aggressivität der sexuell erregten Hunde dadurch voll zur Entfaltung kommt, daß eine Geschädigte, die von den Hunden angefallen wird, ihre Menstruation hat und war ein derartiger Vorfall nicht im geringsten ungewöhnlich, so ist er wegen fahrlässiger Körperverletzung nach StGB § 230 verantwortlich.*

AG Hamm NStE Nr. 6 1988 zu § 230 StGB

**Sachbeschädigte Hündin**

Die Klägerin ist Eigentümerin einer reinrassigen Chow-Chow-Zuchthündin, die Beklagte ist Halterin eines Bastard-Rüden (Kreuzung zwischen Boxer und Schäferhund). Bei einem weihnachtlichen Spaziergang hat der Rüde die angeleinte Hündin besprungen und erfolgreich gedeckt. Die Klägerin versuchte erfolglos, dies zu verhindern. Sie verlangt von der Beklagten Ersatz der Tierarztkosten für den Schwangerschaftsabbruch sowie für den entgangenen Verdienst aus dem Verkauf eines Wurfes reinrassiger Chow-Chow-Welpen.

Die Klage wurde in allen Instanzen abgewiesen. Rechtlich ist der unerwünschte Deckakt als Sachbeschädigung i.S. d. § 833 BGB anzusehen. Allerdings trifft die Halterin einer läufigen Hündin ein so erhebliches Mitverschulden, dass sie keinen Schadensersatz verlangen kann: *Der von läufigen Hündinnen ausgehende Duft übt auf ihre männlichen Artgenossen selbst auf weite Entfernungen noch einen Reiz aus und lockt sie an, so daß sie ihnen mit beharrlicher Ausdauer folgen. Der Deckakt des männlichen Hundes ist daher nichts anderes als die Resultante der jeweiligen Triebkonstellation von Hündinnen und Rüden, so daß dadurch verursachte Schäden als Wirklichkeit gewordene Tiergefahr angesehen werden müssen.* Die läufige Hündin hat die Gefahr ihrer Sachbeschädigung mittels eines ungewollten Deckungsaktes durch ihren verlockenden Duft also selbst heraufbeschworen. BGHZ 67 1976, S. 129

**Inhalt des Deckvertrages**

Der Kläger brachte seine Dogge zum Beklagten, um sie von dessen Rüden decken zu lassen. Er zahlte dafür 300 DM. Die Erwartung des Klägers, dass die Dogge in der Folgezeit Welpen werfen werde, erfüllte sich nicht. Er verlangte deshalb den Betrag von 300 DM vom Beklagten zurück. Das Amtsgericht wies die Klage zurück.

*Die Auslegung dieses Vertrags ergibt, daß nur der Befruchtungsvorgang als solcher, nicht aber das Werfen von Welpen der nach dem Vertrag geschuldete Erfolg ist. Nachdem verschiedene Faktoren zusammenwirken, damit es zu einer erfolgreichen Befruchtung kommt, und auch biologische Unwägbarkeiten bei der Frage, ob die Trächtigkeit erfolgreich endet, eine Rolle spielen, beschränkt sich die Verpflichtung des »Werkunternehmers« beim Deckvertrag auf das Zusammenführen der Tiere zum Deckakt.*

AG Heidenheim NJW 1988, S. 211

# 13. Unzüchtige Werbung

*Sex sells* wissen viele clevere Marketingstrategen. Doch sie haben die Rechnung ohne die Gerichte gemacht. Sie verbieten vom *Schenkelspreizer* bis zur *Penistrillerpfeife* die schlimmsten Auswüchse aufgeilender Produkte und ihrer Werbung, um die Verbraucher vor völliger Enthemmung zu bewahren.

## Busengrapscher und Schlüpferstürmer

Die beklagte Spirituosenfirma hatte Anfang der 90er-Jahre zwei Liköre in Miniaturflaschen mit den Namen *Busengrapscher* und *Schlüpferstürmer* herausgebracht. Auf dem Etikett des Busengrapschers war ein Mann abgebildet, der einer aufreizenden Blondine von hinten an den Busen fasst. Auf dem Etikett des Schlüpferstürmers war eine liegende und ansonsten nackte Frau zu sehen, die ihren Schlüpfer bereits bis zu den Waden abgestreift hat. Der Bundesgerichtshof hat den Vertrieb dieser Likörflaschen mit folgender Begründung verboten:

*Beide Etiketten werden durch Wort- und Bilddarstellungen geprägt, die in obszöner Weise den Eindruck der freien Verfügbarkeit der Frau in sexueller Sicht vermitteln und zugleich die Vorstellung fördern sollen, daß die so bezeichneten alkoholischen Getränke geeignet seien, solcher Verfügbarkeit für die angesprochenen sexuellen Handlungen Vorschub zu leisten. Das Publikum wird die Etikettierung auch als Propagierung eines Mittels zur Überwindung sexueller Widerstände verstehen, und zwar in doppelter Hinsicht: Durch Weckung des Gedankens an Enthemmung nicht allein der Frau, sondern auch des Mannes, um ihm den Mut zu sexuellem Vorgehen zu machen.* BGHZ 130 1995, S. 5

## Schenkelspreizer

Auch die Eintragung der Marke *Schenkelspreizer* für alkoholische Getränke wurde verweigert.

*Allerdings ist heute eine zunehmende Empfindlichkeit und ein Gefühl für »correctness« gegenüber sexuell anzüglicher und diskriminierender Werbung festzustellen, so daß mehr als nur geschmacklose Schnapsmarken weiterhin dem Eintragungsverbot unterliegen. Den streitgegenständlichen, eindeutigen Hinweis in dieser Richtung empfindet der Verbraucher als grobe Belästigung. Die vorliegende plumpe Anzüglichkeit auf schlüpfrig niedriger Ebene ist nicht geeignet, einen Hintersinn oder eine Einstufung als Scherz zu begründen.*

*Solche Art von Humor gilt weithin als primitiv und unkultiviert. Sie stößt auf Ablehnung, da sie nach dem Verständnis des Publikums Alkohol als Mittel propagiert, sich andere Menschen gefügig zu machen. Das Wissen von der enthemmenden Wirkung des Alkohols läßt dem Publikum Spirituosen als dazu geeignet erscheinen.*

BPatG, Beschluss vom 26. November 1997, Az.: 26 W (pat) 107/97

## Bumms Mal Wieder

Ein bekannter Autohersteller fühlte sich durch pornoverbale Werbung in seinen Rechten verletzt und verlangte vom Hersteller des Aufklebers Schadenersatz und Unterlassung. Auf dem Aufkleber war das Firmenemblem BMW mit dem zusätzlichen Aufdruck *Bumms Mal Wieder* abgebildet. Der Bundesgerichtshof wies die Bayern u.a. mit folgender Begründung ab:

*Der Aufkleber stellt mit seinem Zusatz »Bumms Mal Wieder«*

*den sozialen Geltungsbereich der Klägerin und insbesondere ihr Ansehen als Wirtschaftsunternehmen nicht in Frage. Er weist in seiner Gesamtheit weder eine Aussage zur Qualität ihrer Produkte noch zu ihrem Auftreten im Wirtschaftsleben auf; insbesondere enthält er keine ehrverletzende, herabwürdigende Kritik. Die Einfügung des Zusatzes »Bumms Mal Wieder« ist beziehungslos. Der einzige Bezug dieses Aufdrucks zur Klägerin erschöpft sich erkennbar darin, daß die Buchstabenfolge ihrer Firmenabkürzung der Beklagten die Gelegenheit zu einer Interpretation bot, die die eigentliche Bedeutung der Firmenabkürzung verzerrt und deshalb als Scherz empfunden werden soll. Nichts spricht dafür, daß der Verkehr das anders sieht.* BGHZ 98 1986, S. 94

**Stimmt in unserer Ehe alles?**

Beate Uhse versandte in den späten Fünfzigern ihren Katalog unverlangt an Ehepaare. Die Richter des Bundesgerichtshofs waren hierüber heftig empört und sahen in der unverlangten Zusendung des Prospekts gleich eine Beleidigung:

*Durch den Versand ihrer Werbeschrift hat sich die Angeklagte allen Adressaten als ungebetene Ratgeberin in Sexualfragen aufgedrängt. Mit ihren Empfehlungen über die Gestaltung der Liebes- und Geschlechtsbeziehungen zwischen Mann und Frau, insbesondere über den Vollzug der geschlechtlichen Hingabe und Vereinigung, ferner über die Formen und Praktiken der Empfängnisverhütung und der künstlichen Reizsteigerung ist sie ungefragt und ungerufen, überdies im Streben nach finanziellem Gewinn, in einen der innersten und verschwiegensten Bezirke des menschlichen Gemeinschaftslebens als völlig fremde und außenstehende Person eingedrungen. Bei allen Kulturvölkern ist über die intime Sphäre der geschlechtlichen Begegnung von Mann und Frau der schützen-*

*de und bergende Schleier der Scham und des nur den beiden Partnern selbst vorbehaltenen Geheimnisses gebreitet. (...) Es entspricht dem allgemeinen Gefühl von Sitte und Anstand, daß jeder Dritte es grundsätzlich unterläßt, sich unaufgefordert zum Berater darüber aufzuwerfen, in welchen Formen jemand die Begegnung und das geschlechtliche Erlebnis mit seinem Partner gestalten soll. Diesem Gebot des Anstands und der Rücksicht auf den jedem Außenstehenden verschlossenen Bereich der gegenseitigen geschlechtlichen Hingabe hat die Angeklagte gegenüber allen Empfängern ihrer Schrift zuwidergehandelt. Sie hat dadurch ihnen gegenüber Mißachtung zum Ausdruck gebracht und damit mindestens den äußeren Tatbestand der Beleidigung dieser Personen erfüllt.*

BGHSt 11 1957, S. 67

**Penistrillerpfeife**

Bei dem Produkt handelt es sich um eine Trillerpfeife in Form eines erigierten Penis in naturalistischer Form, dessen Ende als Mundstück der Pfeife dient. Der Anmelder möchte die Penistrillerpfeife gerne in das Musterregister eintragen lassen. Das Bundespatentgericht versagte 1999 mit einer bemerkenswert romantischen und verzopften Begründung den Musterschutz, weil die Penistrillerpfeife *unanständig* ist.

*Die vom Anmelder gewählte Bezeichnung »Penistrillerpfeife« trifft die Abbildung mithin präzise. Damit spielen die Bezeichnung, die Abbildung wie auch das »Belegexemplar« auf die Fellatio an, denn die Kenntnis des Begriffes »blasen« als anzügliche Umschreibung der Fellatio ist mittlerweile weit verbreitet. Da die Zweckbestimmung des Musters als Blasinstrument nicht übersehbar ist, erweckt die Penistrillerpfeife, etwa am Band um den Hals gehängt – wie z.B. eine Trainerpfeife oder ein Amulett –, nicht etwa bloß den Eindruck eines Schmuckstücks ohne Bezug auf die Fellatio, denn an diese zu denken, bewirkt die Verknüpfung Penis / Pfeife / Blasen.*

*Die Öffentlichkeit umfaßt einen immer noch beachtlichen Personenkreis, der sich einem Sittenbild verpflichtet fühlt, das durch den angemeldeten Gegenstand empfindlich beschädigt wird. Dieses Sittenbild ist dadurch gekennzeichnet, daß die Sexualität in all ihren Erscheinungsformen nicht als Selbstzweck zur Erzielung nur körperlichen Lustgewinns, sondern als – durchaus wesentlicher – Teil von Herzen kommender Liebe begriffen wird. Diese Art von Liebe stellt für diesen Personenkreis ein einzigartiges Gut dar, das seinen Wert gerade auch dadurch gewinnt, daß jedenfalls die sexuellen Ausdrucksformen der Liebe in die Privatsphäre eingebettet und somit als unantastbar vor der Wahrnehmung Dritter gehütet werden. Die Preisgabe dieses persönlichen Bereichs wird von diesen Personen nicht mehr nur als geschmacklos, sondern als im wahrsten Sinne des Wortes peinlich, nämlich Schmerz durch Verletzung ihres Scham- und Sittlichkeitsgefühls bereitend, erfahren. Der angemeldete Gegenstand ist dazu besonders geeignet. Der Anblick einer Trillerpfeife in Gestalt eines Penis kann die Vorstellung vermitteln, daß dieser auf die Funktion eines durch Blasen zu bearbeitenden Werkstücks ausschließlich zum Zwecke körperlichen Lustgewinns reduziert wird, eine Vorstellung, die das Sittlichkeitsgefühl der vorgenannten Kreise verletzen muss.*

*Es ist nicht Aufgabe des Gerichts, einem zweifelhaften Wertewandel Vorschub zu leisten, vielmehr ist es auch Aufgabe der Rechtsprechung, zur Wahrung anerkannter sittlicher Werte jedenfalls solange beizutragen, bis ein Wandel erkennbar und vollzogen ist und ein Bedürfnis zu seiner Anerkennung gerechtfertigt ist.*

BPatGE 42 1999, S. 67

# 14. Die Märchenwelt der Pornos

Der Anblick unbekleideter schöner Frauen hat schon von jeher die lüsterne Begierde von Männern erweckt. Pornoproduzenten beuten clever die niederen Instinkte der moralisch Entgleisten aus. Das gehört natürlich verboten.

## Die Aufstachelung des Sexualtriebs

Sexuelle Handlungen in unnatürlicher Häufung machen einen echten Pornofilm aus:

*Insbesondere ist nichts dagegen einzuwenden, daß der Amtsrichter aus der Tatsache, daß fast die gesamte Spiellänge des Films von der Darstellung sexueller Vorgänge beansprucht wird, und daß demgegenüber die bloße Rahmenhandlung völlig zurücktritt, den Schluß gezogen hat, der Inhalt des Films beschränke sich auf isolierte Pornografie. Geschlechtliche Darstellungen in dieser Häufung sind unrealistisch und anreißerisch, weil sie bloß auf die Aufstachelung des Sexualtriebs gerichtet sind und jeden Bezug auf andere menschliche Regungen und Antriebe vermissen lassen.*

OLG Stuttgart Justiz 1977, S. 240

## Richter schauen keine Pornos

Pornos sind irgendwie igitt. Was machen aber Richter, wenn sie beurteilen sollen, ob ein Film pornografisch ist? Sich den Ferkelfilm selber anschauen? Das Oberlandesgericht Stuttgart weiß Rat für sittlich gefährdete Richter:

*Die Beurteilung des pornografischen Charakters eines öffentlich angekündigten Films kann vom Gericht auch ohne Augenschein aufgrund von Zeugenaussagen getroffen werden.*

OLG Stuttgart MDR 1983, S. 153

## Porno – modern definiert

Das Verwaltungsgericht Hamburg hat sich dankenswerterweise die Mühe gemacht und die wesentlichen Kennzeichen für Pornografie herausgearbeitet:

*1. Auf einer Inhaltsebene ist erforderlich, daß die objektive Gesamttendenz des Werkes ausschließlich oder doch überwiegend auf die Erregung eines sexuellen Reizes beim Betrachter abzielt. Anzeichen dafür können sein, daß das Werk keine über die sexuellen Handlungen hinausgehenden gedanklichen Inhalte (oder solche nur »spurenhaft«) vermittelt oder in ihm sexuelle Handlungen »selbstzweckhaft« in den Vordergrund gerückt werden, demgegenüber eine eventuelle Rahmenhandlung völlig zurücktritt.*

*2. Auf der Darstellungsebene ist erforderlich, daß sexuelle Vorgänge in grob aufdringlicher, übersteigerter und anreißerischer Weise dargestellt werden.*

*3. Die Darstellung muß die im Einklang mit allgemeinen gesellschaftlichen Wertvorstellungen gezogenen Grenzen des sexuellen Anstandes eindeutig überschreiten.*

VG Hamburg ZUM-RD 2001, S. 295

## Die Traumwelt des Pornos

Auch das Arbeitsgericht Passau hat sich offenbar mal einen Porno reingezogen und fühlte sich in eine (heimlich ersehnte?) Märchenwelt entführt, wie es mit zunehmender Erregung schildert:

*Als typische Anzeichen des pornografischen Charakters der Darstellung werden von der Rechtsprechung angesehen: das Fehlen jeden sozialen Werts der Darstellung, die Flucht in eine Märchenwelt unaufhörlichen Genusses, die Fiktion der unerschöpflichen Potenz des Mannes und der unermüdlichen Hingabebereitschaft der Frau, der fehlende Bezug zum wirklichen individuellen oder gesell-*

*schaftlichen Leben, die fortschreitende Eskalation der Darstellung durch eine Aneinanderreihung von Szenen mit sexuell immer stärker produzierenden Reizen, fernerhin die Beschränkung auf den Lustgewinn als einziges Ziel.* ArbG Passau NZA 1998, S. 427

**Stellungslos?**

Bei der Frage nach der Unzüchtigkeit von Aktfotos kommt es auf die Stellung des Modells an. So urteilte der Bundesgerichtshof 1954:

*Nach feststehender Rechtsprechung sind Abbildungen unzüchtig, wenn sie geeignet sind, das Scham- und Sittlichkeitsgefühl eines normalen Menschen in geschlechtlicher Beziehung zu verletzen. Das trifft hier zu. Die bloße Darstellung des nackten weiblichen Körpers verletzt als solche dieses Scham- und Sittlichkeitsgefühl allerdings noch nicht. Dies auch dann nicht, wenn die Geschlechtsmerkmale unverhüllt sind, wenn sie gezeigt werden. Das Zeigen der Geschlechtsmerkmale macht die Darstellung jedoch zu einer unzüchtigen, wenn damit eine Beziehung zum Geschlechtlichen hergestellt wird, wenn eine körperliche Stellung eigens deshalb gewählt worden ist, um die Geschlechtsmerkmale zeigen und damit eine Beziehung zu einem geschlechtlichen Vorgang betonen zu können.* BGHSt 5 1954, S. 346

**Beleidigende Aktfotos**

Der 19-jährige Angeklagte hatte Aktfotos zweier 15-jähriger Mädchen gemacht. Er hätte sie allerdings besser zu Haus entwickeln sollen, denn in der Abgabe des Films in einem Fotogeschäft sah der Bundesgerichtshof eine Beleidigung:

*Das allgemeine Scham- und Sittlichkeitsgefühl in geschlechtlicher Hinsicht wurde nicht nur durch außereheliche Beiwohnung und perverse Befriedigung, sondern auch durch die Preisgabe des nackten Körpers zur Herstellung obszöner Lichtbilder verletzt, die der Erinnerung an unzüchtigen Verkehr und künftiger unzüchtiger Lusterregung zu dienen bestimmt waren. (…)*

*Allerdings liegt das Wesentliche der vom Angeklagten begangenen Beleidigung nicht, wie das Landgericht annimmt, darin, daß dieser durch die Weitergabe der Filme zum Ausdruck brachte, R. Sch. sei eine ehrlose Person, die sich von ihm nackt fotografieren und besonders obszöne Aufnahmen herstellen ließ, sondern darin, daß die Bilder einer dritten Person zugänglich gemacht wurden und damit die Erscheinung des nackten Körpers einem anderen im Bilde sichtbar gemacht wurde. Jeder hat einen Anspruch darauf, daß sein Körper, der nach den Regeln des Anstandes und der guten Sitte, wie sie bei Kulturvölkern gelten, verhüllt zu werden pflegt, nicht den Blicken beliebiger Dritter preisgegeben wird. Ein Verstoß hiergegen verletzt das Schamgefühl und damit die Würde des Menschen und enthält daher den Ausdruck der Mißachtung der Persönlichkeit.* BGH NJW 1956, S. 679

**7 Tipps für den Mega-Orgasmus**

Die Probeaufnahmen des Amateurmodells wurden ohne ihr Wissen auf dem Titelblatt einer Sex-Zeitschrift abgedruckt. Sie klagte auf 20.000 DM Schmerzensgeld und bekam Recht.

*Die freizügige Darstellung auf dem Titelblatt u.a. mit dem Schriftzug »7 Tipps für den Mega-Orgasmus« sowie dem ebenfalls auf dem Titelblatt abgedruckten Bild eines kopulierenden Paares suggeriert sexuelle Verfügbarkeit der abgebildeten Person und vermittelt den Eindruck, diese identifiziere sich mit dem Inhalt der Zeitschrift und bewege sich auf diesem Niveau. Dieser Eindruck ist unzutreffend. Die Klägerin hat glaubhaft versichert, sie hätte unter keinen Umständen einer Veröffentlichung des Fotos zugestimmt. Sie ist auch vor und nach dieser Veröffentlichung nie nackt abgebildet worden. Der Zeuge A hat bestätigt, daß es sich seinerzeit nur um Probeaufnahmen gehandelt hatte. Auch wenn der Senat Zweifel daran hat, daß die Aufnahmen nur zur Überprüfung von Figur und Typ gefertigt worden sind – hierzu bedurfte es nicht Aufnahmen mit unbekleidetem Unterkörper –, hatte die Klägerin jedenfalls eine Veröffentlichung dieser Fotos nicht erwogen, diese vielmehr später von dem Fotostudio herausverlangt. (...) Der durch die zumindest im gesamten Bundesgebiet erfolgten Veröffentlichung des Fotos der Klägerin hervorgerufene unzutreffende Eindruck sexueller Verfügbarkeit und Identifikation mit den in der Zeitschrift abgehandelten Themen hat eine nachhaltige Rufschädigung im Freundes- und Bekanntenkreis erzeugt, wie die Klägerin nachvollziehbar im Senatstermin dargelegt hat.*

OLG Hamm NJW-RR 1997, S. 1044

**Nackter Kämpfer**

Der Berufssoldat sandte ein mit Selbstauslöser erstelltes Aktfoto von sich an die Redaktion eines Sexmagazins; das Foto wurde veröffentlicht. Das Bundesverwaltungsgericht befand, die pornografische Selbstaufnahme in einem Sexmagazin stelle ein sehr schwerwiegendes Dienstvergehen dar.

*Nach der einschlägigen Rechtsprechung des Senats (...) ist die Veröffentlichung von pornografischen Aufnahmen eines Soldaten mit seinem Einverständnis in einem Sexmagazin als Fehlverhalten geeignet, dessen Achtungs- und Vertrauenswürdigkeit ernsthaft zu beeinträchtigen. Denn solche Aufnahmen zielen generell beim Betrachter eindeutig auf die Erregung eines sexuellen Reizes ab und degradieren den Adressaten zum bloßen (auswechselbaren) Objekt geschlechtlicher Begierde oder Erregung.*

*Wenngleich die allgemeinen Anschauungen über geschlechtsbezogenes Verhalten und deren Darstellung in den letzten Jahrzehnten in zunehmendem Maße liberaler geworden sind, überschreitet eine pornografische Darstellung, wie sie hier aus der im Aktfoto abgelichteten Verhaltensweise des Soldaten erkennbar wird, eindeutig die Grenzen, die nach den gesellschaftlichen Vorstellungen von sexuellem Anstand zu beachten sind und dem Menschenbild des Grundgesetzes entsprechen, und verletzt das Schamgefühl eines unbefangenen Betrachters.* BVerwGE 113 1999, S. 340

**Bullenporno**

Ein Polizist wirkte als Darsteller in zwei Pornofilmen mit. In den Filmen war der Beamte bei Ausübung von Masturbation, Anal- und Oralverkehr und sado-masochistischen Handlungen wie etwa Auspeitschen, Beträufeln mit Kerzenwachs, Anurinieren zu sehen. Dummerweise trug er zu Beginn des Filmes eine Dienstuniform bzw. Teile dieser Uniform; auf der Dienstjacke war die Aufschrift *POLIZEI* sichtbar. Das war für das Sächsische Oberverwaltungsgericht eindeutig zu starker Tobak:

*Der Beamte hat durch sein außerdienstliches Verhalten seine Verpflichtung zur Achtungs- und Vertrauenswürdigkeit bei der Wahrnehmung seines Amtes als Polizeihauptmeister beeinträchtigt. (...)*

*Diese Darstellung des Beamten auf den bezeichneten Fotos und Videos dient aber allein dem Zweck, den darstellenden Menschen zum bloßen Objekt geschlechtlicher Begierde zu reduzieren. Dies gilt erst recht, wenn – wie hier – sado-masochistische Handlungen zur Darstellung kommen, durch die eine Sexualität zum Ausdruck gebracht wird, die den Einzelnen als Objekt zeigt, der entweder körperliche Gewalt hinzunehmen oder auszuüben hat.*

*Mit dem dem Grundgesetz zugrundeliegenden Menschenbild, das dem Einzelnen in seiner personalen Ganzheit eine menschliche Würde zuweist, ist diese Reduzierung des Einzelnen auf ein Sexualobjekt (...) nicht vereinbar. (...)*

*Das Verhalten des Beamten ist zudem geeignet, auch das Ansehen des Beamtentums zu beeinträchtigen. Das besondere Vertrauen, das die Bevölkerung der Polizei als Institution entgegenbringt, wird durch ein Verhalten eines Polizeibeamten wie hier in schwerwiegender Weise erschüttert. (...)*

*Darstellungen, bei denen sado-masochistische Praktiken und Anal- und Oralverkehr der Öffentlichkeit vorgeführt werden, gehen jedenfalls über die Grenzen dessen, was den Wertvorstellungen der überwiegenden Mehrheit der Bevölkerung entspricht. Sie verletzen nach wie vor erheblich das sexuale Anstandsgefühl der Öffentlichkeit. (...)*

*Unter Berücksichtigung aller Umstände des begangenen Dienstvergehens ist daher eine Dienstgradherabsetzung des Beamten in das Amt eines Polizeiobermeisters erforderlich, aber auch ausreichend.* OVG Sachsen DÖV 2003, S. 959

**Keine Pornos hinter Gittern**

Die Strafkammer des OLG Stuttgart stoppte das Abonnement einer Zeitschrift mit Bild- und Textbeiträgen pornografischen Inhalts. Zu groß war die Gefahr, dass das Heft die sexuelle Neugierde des Untersuchungshäftlings anreizte.

*Gerade die anreißerische Überbetonung der Sexualität kann sich auf einen gerade erst 18jährigen Gefangenen nachteilig auswirken. Hat er doch in seiner Abgeschlossenheit keine Möglichkeit, den wahren Stellenwert der Sexualität in der menschlichen Gesellschaft und damit die Übertreibung in der beanstandeten Zeitschrift zu erkennen.*

Auf welche Weise Heranwachsende den *wahren Stellenwert der Sexualität* in der Freiheit erkennen können, teilt das Gericht leider nicht mit. OLG Stuttgart NJW 1974, S. 759

## 15. Freudenhäuser sind Brutstätten der Unzucht

Das horizontale Gewerbe beschäftigt sich mit dem Tausch von Geld gegen Sex. Es ist seit jeher Gegenstand vieler Verbote gewesen. Auch wenn die Gewerbsunzucht vor kurzem weitgehend legalisiert wurde, bleibt der Puff nach wie vor eine Brutstätte der Unzucht und des Lasters.

### Definition der käuflichen Liebe

Was ist überhaupt unter Prostitution zu verstehen? Der schuldrechtlich gebildete Jurist weiß Antwort:

*Das wesentliche Merkmal ist stets die körperliche Hingabe gegen Entgelt, d.h., es muß auf der einen Seite die Hingabe des Geldes zur Erlangung der sinnlichen Befriedigung, auf der andern Seite die körperliche Preisgabe zur Erlangung des Geldes erfolgen.*

Rudolf Quanter, Die Sittlichkeitsverbrechen, 1925, S. 367

### Die Ausbeutung der Triebhaftigkeit

Der Bundesgerichtshof setzt sich ausführlich mit dem Laster der Prostitution auseinander.

*Dieses Unwerturteil über die Prostitution ist nicht ein auf Emotionen begründetes »Vorurteil«, sondern in der gesellschaftlichen und verfassungsrechtlichen Wertordnung fundiert. Die früher vorwiegende Vorstellung, nicht eheliche Geschlechtsvereinigung sei schlechthin unmoralisch, hat in ihrer Berechtigung, übrigens auch in ihrer Verbreitung gewiß an Gewicht verloren. Dagegen hat der Vorwurf, daß die gewerbsähnliche geschlechtliche Hingabe gegen Bezahlung in entwürdigender Weise Intimbereiche zur Ware macht, die gerade aus moderner psychologischer Sicht mit dem*

*Kern der Persönlichkeit aufs engste verknüpft sind, eher noch an Bedeutung gewonnen. Neben diesem persönlichkeitsschädlichen Charakter spielt für das soziale Unwerturteil über die Prostitution gemeinhin auch die Ausbeutung der Triebhaftigkeit, Abenteuersucht, jugendlichen Unerfahrenheit, auch der Trunkenheit der Freier eine Rolle, zumal sie zu der bekannten Anhangskriminalität führen kann.*

BGH NJW 1976, S. 1883

## Sex als umsatzsteuerpflichtige Leistung

Die Doppelmoral des Staates gegenüber dem Phänomen der Prostitution wurde erst vor einigen Jahren durch Rot-Grün abgemildert. 2000 brachte sie der Bundesfinanzhof noch einmal auf den Punkt:

*Die »körperliche Hingabe gegen Entgelt« einer Prostituierten ist eine Leistung i.S. von § 1 Abs. 1 Nr. 1 S. 1 UStG, weil diese mit ihrer Tätigkeit einen wirtschaftlichen Erfolg durch Erzielung von Einnahmen bezweckt; hierbei ist ohne umsatzsteuerrechtliche Bedeutung, daß die Leistung und das ihr zugrunde liegende Rechtsgeschäft sittenwidrig sind.* BFHE 191 2000, S. 498

## Puff auf Stütze

Ein Sozialhilfeempfänger stellte bei seiner Klage gegen das Sozialamt diese Anträge:

1. *ihm monatlich vier Besuche im Freudenhaus zur Wiederherstellung seines psychischen sowie seelischen Gleichgewichtes zu bewilligen. Pro Besuch sind ca. 100,00 EUR für die Dame sowie 25,00 EUR für die Fahrt nach … und zurück zu bezahlen.*
2. *für seine erhöhten Sexbedürfnisse die Übernahme der Kosten*

*für die Videothek bzw. bezüglich der Leihgebühren von Pornofilmen von mindestens acht Stück pro Monat sowie die An- und Abfahrten zur Videothek nach ... 4 x 20 km à 0,30 EUR, sowie die Kosten für das Happy Weekend Magazin seit September 2003, erscheint zweimal pro Monat, zum Verkaufspreis von 11,65 EUR, also 23,30 EUR pro Monat.*

3. *die Kostenübernahme von Kondomen und Zewa-Wix-und-Weg-Boxen für das Betrachten der Filme.*

Das Verwaltungsgericht schmetterte die frivole Klage ab:

*Die geltend gemachten Begehren, soweit sie sich auf die sexuellen Bedürfnisse des Klägers beziehen, sind Kosten der allgemeinen Lebensführung und folglich insoweit insgesamt von der vom Beklagten dem Kläger bewilligten Hilfe zum Lebensunterhalt in Höhe des jeweiligen Regelsatzes für einen Haushaltsvorstand bzw. aus diesem zu bestreiten. (...) Zum Regelbedarf gehören zweifelsfrei auch die Kosten zur Befriedigung der jeweiligen persönlichen sexuellen Bedürfnisse.*

Soll heißen: Kein Sex auf Staatskosten. Wäre ja auch zu schön gewesen ... VG Ansbach SAR 2004, S. 91

**Gesetzlicher Sittenverfall**

Mit dem Prostitutionsgesetz vom 20.12.2001 hat der Gesetzgeber die Gewerbsunzucht weitgehend liberalisiert. Doch nicht jeder Richter kann die neuen, sexuell freizügigeren Zeiten wirklich begrüßen:

*Denn eine Laxheit im Umgang mit dem Recht und ein Verfall von Sitten belegt nicht, dass dadurch das sittlich wird, was unsittlich ist. Art. 1 § 1 Prostitutionsgesetz belegt vielmehr, dass Prostitution sittenwidrig ist. Es bedürfte nämlich keiner Vorschrift, die die sittenwidrige Inanspruchnahme von sexuellen Handlungen gegen*

*Entgelt ausdrücklich als Begründung einer Vereinbarung einer rechtswirksamen Forderung fingiert, wäre eine derartige Verhaltensweise als mit den guten Sitten übereinstimmend zu verstehen.*

LAG Schleswig-Holstein, Urteil vom 14. Oktober 2002, Az.: 4 Sa 31/02

**Zweistrahlig pissen**

Der Beschwerdeführer kniete bei einer *Domina* im schweizerischen Fribourg mit auf dem Rücken gefesselten Händen als Sklave auf dem Boden. Sein mit einem Piercing-Ring versehener Penis war mit einer Kette verbunden, deren anderes Ende an einem Bett befestigt war. Als die *Domina* den Sklaven aufforderte, sich zu erheben, wurde der Piercing-Ring weggerissen. Trotz einer Operation konnte der Penis nicht vollständig wiederhergestellt werden. Der Harnstrahl des Mannes ist seither gefächert und zweigeteilt.

Knapp drei Jahre nach dem Vorfall reichte der Mann Strafanzeige wegen schwerer Körperverletzung gegen die Frau ein und stellte eine Zivilforderung in der Höhe von 5600 Franken. Die Freiburger Justiz stellte das Verfahren aber ein. Die Strafkammer des Kantonsgerichts befand, es liege kein Offizialdelikt vor, das von Staates wegen zu verfolgen wäre. Und für eine einfache Körperverletzung sei die Frist zur Antragsstellung längst abgelaufen. Diese Auffassung teilte nun auch das Bundesgericht und wies die Beschwerde des Mannes gegen das Freiburger Urteil ab. Es handle sich lediglich um eine einfache Körperverletzung, weil der Penis weder verstümmelt noch unbrauchbar sei, stellten die Lausanner Richter fest. Trotz der operativ nicht behebbaren, bleibenden Schädigung sei der Penis in seinen Grundfunktionen als Harnausscheidungs- und Sexualorgan noch intakt. Den Beschwerdeführer werde *einzig Zeit seines Le-*

*bens jeweils beim Wasserlassen und beim Höhepunkt der sexuellen Lust der zweite Strahl begleiten, ohne dass ihm dadurch weitere Unannehmlichkeiten erwachsen würden.*

Schweizerisches Bundesgericht, Urteil 6S. 79/2002 vom 7. November 2002

## Bordsteinschwalbe

Nicht jede Frau, die abends alleine auf der Straße unterwegs ist, geht deshalb gleich auf dem Strich. Zu dieser einleuchtenden Feststellung kam der Bundesgerichtshof.

*Zu »länger andauerndem Stehen« oder »langsamem Auf- und Abgehen« von Frauen zur Nachtzeit müssen Verhaltensweisen oder Umstände hinzutreten, die das Angebot zur Unzucht als »anreißerisch« erscheinen lassen, etwa wenn sich die Dirne besonders auffällig kleidet oder ihr Angebot durch Anlächeln oder Anstarren ihr begegnender Männer, durch die Art ihres Ganges, durch geschlechtlich zu deutende Gesten oder in ähnlicher Weise unterstreicht.*

BGHSt 11 1958, S. 280

## Staatlich geprüfte Prostituierte

Ein Bielefelder Rechtsprofessor nahm das neue Prostitutionsgesetz zum Anlass, einen Blick in die Zukunft des Prostitutionsberufes zu werfen:

*Abiturientin Anke S., 18 Jahre, will nach reiflicher Überlegung den Beruf einer »Prostituierten« ergreifen. Sie erhofft sich weitere Informationen von den professionellen Kräften der Agentur für Arbeit und wendet sich deshalb an das örtliche Arbeitsamt. Selbstverständlich liegen bereits im Foyer berufskundliche Blätter, die über den Lehrberuf »Prostituierte(r)« bzw. »Sex-Arbeiter/in« informieren. Daraus erfährt Anke S., dass die Lehrzeit drei Jahre beträgt und ein Praktikum bei einer als Ausbilderin amtlich erfassten und milieuerfahrenen »Prostituierten« absolviert werden muss. Natürlich enthalten die »Blätter« auch präzise Informationen über die Lehrinhalte des Berufes, Aufstiegschancen und etwaige Weiterbildungsmaßnahmen. Anke S. entschließt sich nach nachhaltiger und auch ethische Aspekte umfassender Beratung, sich auf eine Lehrstelle bei »Madame X« in Bad Hohnhausen zu bewerben. Und sie hat Glück: Aus einem Kreis von fast 100 Bewerberinnen wird Anke S. ausgewählt und darf unverzüglich ihre erste Arbeitsstelle im Club »Mon Cheri« in Bad H. antreten. »Madame X« – mit bürgerlichem Namen: Karin Krumbiegel – legt ihr einen von der Gewerkschaft »ver.di« juristisch geprüften und für gut befundenen Ausbildungs- und Arbeitsvertrag vor, den Anke S. auch recht bald unterzeichnet. Es beginnt eine dreijährige, ungewöhnlich abwechslungsreiche Lehrzeit, die Anke S. erfolgreich abschließt. Endlich hält sie das ersehnte Abschlusszeugnis in Händen; sie darf sich nun »staatlich geprüfte Prostituierte« nennen.* Vahle, NZA 2002, S. 1077

# 16. Die Sexsportkasse

Manch einer ist mit seinem Sexappeal oder seiner Performance unzufrieden und verspricht sich von Viagra oder einer Schönheitsoperation Abhilfe. Unverständlicherweise wollen die Krankenkassen den Sexsport leider nur höchst ungern sponsern. Obwohl er doch aber so gesund ist …

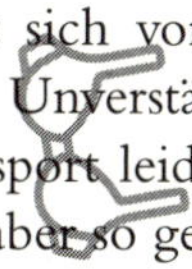

## Der Mikropenis

Kurzschwänzigkeit ist eine üble Sache. Das beste Stück des Klägers bringt es im erigierten Zustand auf knappe 10 cm. Er empfindet seinen Penis zu klein und verlangt von der Krankenkasse die Bezahlung einer penisverlängernden Operation. Die Klage blieb erfolglos.

*Der um etwa ein Drittel des Durchschnittswertes kleinere Penis des Klägers ist keine Krankheit im Sinne von § 27 Abs. 1 SGB V. Insoweit mag zwar eine Normabweichung vorliegen, diese hat jedoch, solange eine Funktionsbeeinträchtigung nicht gegeben ist, für sich allein keine Behandlungsbedürftigkeit zur Folge. Gerade die Behandlungsbedürftigkeit einer körperlichen Funktionsbeeinträchtigung ist aber Ansatz für eine chirurgische Behandlung.*

LSG Brandenburg RV 2002, S. 150

## Der regelwidrige Busen

Die Klägerin empfindet ihre Brüste als klein und hässlich. Die Krankenkasse lehnt eine brustvergrößernde Operation ab. Das Landessozialgericht Sachsen sah die Sache so:

*Die bei der Klägerin vorhandene Brustgröße stellt keinen regelwidrigen Körperzustand dar. (…) Der Senat hat mit Urteil vom 03.02.1999 entschieden, dass die Brustgröße keinen regelwidrigen*

*Körperzustand darstellt, weil es von Natur aus völlig unterschiedliche Entwicklungsumfänge gibt. Ein kleiner Brustumfang entspricht ebenso wie ein großer Brustumfang dem Leitbild einer gesunden Frau. Der Senat hat es auch nicht für angezeigt gehalten, für die Größe der weiblichen Brust einen Mindestumfang normativ festzulegen und davon abweichende Erscheinungsbilder als krankhaft zu bewerten und davon abgesehen zu klären, ob der Brustumfang unter medizinischen Gesichtspunkten im Normbereich liegt. (...) Darüber hinaus ist zu betonen, dass die Leistungen der gesetzlichen Krankenversicherung nicht der Verwirklichung von als »ideal«, »schön« oder als »angemessen« empfundenen Körperformen zu dienen bestimmt sind.*

LSG Sachsen, Urteil vom 21. Mai 2003, Az.: L 1 KR 51/02

**Hässlichkeit ist keine Krankheit**

Das Finanzgericht hatte die Frage zu beantworten, ob für Schönheitsoperationen Umsatzsteuerbefreiungen zu gewähren sind. *Hässlichkeit* ist nicht als Krankheit zu verstehen. Ihre Beseitigung ist daher keine nach § 4 Nr. 14 UStG begünstigte Heilbehandlung.

*So vermag der Senat bereits den von der Klägerin schriftlich gemachten Ausführungen zur medizinischen Indikation ihrer Leistungen nicht zu folgen. Danach sollen üblicherweise bei jedem Menschen auftretende altersbedingte körperliche Veränderungen (Hauterschlaffung, Fettansatz usw.) und darüber hinaus jede Form der »Hässlichkeit« Krankheitswert haben, deren Beseitigung also therapeutischen Charakter aufweist. Um als Krankheit verstanden werden zu können, muss – auch wenn sich der Begriff der Krankheit einer allgemein gültigen und alles umfassenden Definition verschließt – jedoch stets ein körperlicher oder seelischer Zustand von dem abweichen, was als normale Entwicklung bzw. normale Funk-*

*tion anzusehen ist. Das Altern als ein Verlauf, dem jeder Mensch von Geburt an unterliegt, ist jedoch gerade die Norm und nicht umgekehrt die Abweichung von dieser. Die Beseitigung von dieser Norm entsprechenden körperlichen Auswirkungen vermag damit nicht der Gesundheit zu dienen, sondern allenfalls der Herstellung eines nicht der persönlichen Altersentwicklung der betreffenden Person entsprechenden äußeren Erscheinungsbildes.*

Finanzgericht Rheinland-Pfalz 2. Senat,
Urteil vom 14. Dezember 2004, Az.: 2 K 2588/04

**Schlappschwanz**

Ein 54-Jähriger verklagte seine private Krankenversicherung auf die Bezahlung von Viagra. Das Amtsgericht Dortmund ließ ihn abblitzen:

*Die Erektionsmöglichkeit ist für sich allein betrachtet keine erforderliche Körperfunktion, die behandelt werden müßte. Krankheitswert kann das Fehlen der Erektionsmöglichkeit nach der Auffassung des Gerichts eigentlich nur dann haben, wenn der Wunsch zur Zeugung eines Kindes dargelegt wird. Dies ist hier nicht der Fall. Der Kläger befindet sich auch in einem Lebensalter, in dem die Familienplanung abgeschlossen sein dürfte. Er hat jedenfalls nicht näher dargelegt, warum die Erektionsmöglichkeit für ihn von besonderer Bedeutung ist. Wenn es ihm nur allgemein um sexuelle Betätigungsmöglichkeit geht, was hier mangels anderweitiger Ausführungen angenommen werden muß, so bleibt festzustellen, daß es sich um eine ganz persönliche Angelegenheit handelt, die von zahlreichen anderen Faktoren abhängig ist. Es sind individuelle private Entscheidungen bezüglich des Sexuallebens zu treffen, die von Mann zu Mann ganz unterschiedlich ausfallen können. Objektiv gesehen kann das Gericht daher keinen Krankheitswert bejahen.*

Amtsgericht Dortmund NJW-RR 2001, S. 1609

**Humane Potenzpille**

Das Landessozialgericht Niedersachsen-Bremen fand hingegen, dass die Behandlung mit Viagra der Pflicht zur humanen Krankenbehandlung entspricht, und zwar aus diesen Gründen:

*Das Mittel Viagra wirkt durch bloße orale Einnahme. Es führt unmittelbar im Penis zu einer Verbesserung der Durchblutung und damit zur Erektion. Die eigentliche Behandlung mit Viagra ist äußerst einfach, schmerzfrei und nicht mit inhumanen Zumutungen beim Intimverkehr verbunden. Demgegenüber muss die Wirksubstanz bei den lokal zu applizierenden Stoffen, wie z.B. bei SKAT, in den Penisschwellkörper gespritzt werden. Es können dabei u.a. Schwellkörperfibrosen, Penisdeviationen, Verhärtungen, Hämatome und Schmerzen auftreten. Hinzu kommt die besonders belastende und den Intimverkehr störende Situation, die mit einer Injektion in den Penis einhergeht. Angesichts dessen und der relativ geringen Kosten für Viagra hält der Senat eine Verweisung eines Versicherten auf die Behandlung mit SKAT grundsätzlich nicht für zumutbar. Das gilt auch für die Behandlung mit mechanischen Mitteln. Erektionsringe und Vakuumpumpen reduzieren durch Kompression der Penisbasis den venösen Blutabstrom, um die Erektion besser halten zu können. Nach Prof. Dr. K. ist bei der Verwendung von Erektionsringen jedoch häufig eine medikamentöse Zusatztherapie erforderlich, während die Handhabung von Vakuumpumpen erst vom Fachmann erlernt werden muss. Penisimplantate schließlich müssen durch eine aufwendige Operation implantiert werden. Aus diesen und aus humanitären Gründen scheidet nach Ansicht des Senats eine Verweisung eines Versicherten auf die Behandlung mit mechanischen Hilfsmitteln aus.*

LSG Niedersachsen-Bremen, Urteil vom 20. August 2003,
Az.: L 4 KR 24/02

**»Mann mit Penispumpe sucht verständnisvolle Partnerin«**

Die Krankenkasse lehnte die Bezahlung von Viagra ab und empfahl dem Mann als Alternative eine Penispumpe. Er wies darauf hin, dass die relativ große, unförmige Vakuumpumpe jegliche Partnersuche beim ersten näheren Kontakt sofort zunichte mache. Das Landessozialgericht hatte kein Mitleid mit dem Mann, denn die Versorgung des Klägers mit Leistungen, um eine Partnersuche zu erleichtern, sei mit der Zielsetzung der Krankenversicherung nicht zu vereinbaren. LSG Brandenburg PatR 2004, S. 85

## 17. Sex am Arbeitsplatz

Der Dienstbetrieb ist *sexuell neutral* abzuwickeln, heißt es in einer Dienstvorschrift der Bundeswehr. Das gilt natürlich auch für Supermärkte, Irrenanstalten und Betriebsfeste.

### Liebesverbot im Supermarkt

Der Supermarktriese Wal-Mart hatte in einem Verhaltenskodex auch das betriebliche Liebesleben seiner Mitarbeiter geregelt. Das Arbeitsgericht beanstandete zahlreiche Klauseln des Kodex, interessanterweise aber nicht wegen dessen Inhalten, sondern weil die Mitspracherechte des Betriebsrats verletzt wurden.

Wal-Mart hatte ein Flirt-Verbot erlassen, das u.a. *lüsterne oder anzügliche Blicke* verbot. Dazu das Arbeitsgericht:

*Das Gesetz verbietet ein Flirten am Arbeitsplatz nicht grundsätzlich. So stellt es keine sexuelle Belästigung dar, wenn ein Arbeitnehmer einer Arbeitnehmerin lüsterne Blicke zuwirft, wenn nicht die Arbeitnehmerin dies erkennbar ablehnt. Der in der Presse als so genanntes Flirt-Verbot bezeichnete Abschnitt der Unternehmensethik reglementiert daher das Verhalten der Arbeitnehmer und ihren Umgang miteinander im Betrieb über die Regelungen in § 2 BeschSchG hinaus und ist daher nach § 87 Abs. 1 Nr. 1 BetrVG mitbestimmungspflichtig.*

Des Weiteren hatte Wal-Mart den Arbeitnehmern untersagt, mit anderen Mitarbeitern auszugehen oder in eine Liebesbeziehung mit ihnen zu treten. Dazu das Arbeitsgericht:

*Die Regelung betrifft nicht nur das außerbetriebliche Verhalten der Mitarbeiter, sondern zumindest auch das Verhalten im Betrieb. Wird Arbeitnehmern untersagt, miteinander eine Liebesbeziehung einzugehen, so wird hierdurch auch das Verhalten der Arbeitnehmer im Betrieb reglementiert. Bei Einhalten der Verhaltensregel wäre den Arbeitnehmern beispielsweise das Küssen am Arbeitsplatz verboten. Den Arbeitnehmern wäre jedwedes Verhalten im Betrieb untersagt, das bei Außenstehenden den Eindruck einer Liebesbeziehung entstehen ließe.* ArbG Wuppertal NZA-RR 2005, S. 476

**»Sie haben doch nur Bumsen im Kopf«**

Kann man so mit seinem Chef reden? Das Landesarbeitsgericht Köln fand nicht und erklärte die fristlose Kündigung für rechtens.

*Die Äußerung des Klägers »Sie haben doch nur Bumsen im Kopf« stellt eine grobe Beleidigung dar. Sie wirft dem Geschäftsführer vor, sein Hauptinteresse liege im Geschlechtlichen. Er sei maßgebend durch triebhaftes Verhalten bestimmt. Die Äußerung wurde im Beisein mehrerer weiblicher Angestellter der Beklagten abgegeben und war damit in besonderer Weise geeignet, das Ansehen des Geschäftsführers als Vorgesetzten zu beeinträchtigen und nachhaltig zu stören, sofern der Beklagten zugemutet würde, das Arbeitsverhältnis mit dem Kläger fortzusetzen.*

LAG Köln NZA 1998, S. 1284

**»Ich fick Dich, Du Süßer«**

Wegen einer vorausgegangen Kündigung traf man sich im Arbeitsgericht Berlin. Der gekündigte Bauwerker sagte vor dem Sitzungssaal des Arbeitsgerichts zu dem Rechtsanwalt der Firma *Ich fick Dich, Du Süßer* und *Komm' mit nach unten vor die Tür.* Jetzt reichte es auch den sonst eher nachsichtigen Arbeitsrichtern:

*Die wiedergegebene Äußerung des Klägers stellt eine grobe Beleidigung verbunden mit einer Drohung (»Komm' mit nach unten vor die Tür«) dar, die grundsätzlich eine außerordentliche Kündigung rechtfertigen kann.*

LAG Berlin, Urteil vom 8. März 2002, Az.: 12 Sa 2340/01

## Eine Runde bumsen

Der Kläger stellte einer Auszubildenden des Betriebs nach. Nach mehreren erfolglosen Annäherungsversuchen sandte er ihr folgende SMS: *Hallo B ..., Du geiles Etwas, heute Abend komme ich zu Dir, dann bumsen wir eine Runde.* Darin sah das Landesarbeitsgericht Rheinland-Pfalz einen wichtigen Grund für eine außerordentliche Kündigung:

*Darüber hinaus spricht auch der Inhalt der SMS-Mitteilung vom 19.02.2001 für eine sofortige Beendigung des Arbeitsverhältnisses. Die Aufforderung zu sexuellen Handlungen hat nämlich nicht nur einen rüde beleidigenden Charakter, sondern läßt auch eine Herabwürdigung der Angesprochenen zum bloßen Objekt (»Du ... Etwas«) erkennen. Die Ankündigung (»... heute Abend komme ich zu Dir ...«) hat einen einschüchternden, wenn nicht gar bedrohlichen Unterton, zumal hier das Aufsuchen der Auszubildenden in ihrem Privatbereich angekündigt wird. Dies mußte Frau H. um so mehr Angst einjagen, als sie den Kläger zuvor bereits mehrfach deutlich zurückgewiesen hatte.*

LAG Rheinland-Pfalz, Urteil vom 24. Oktober 2001, Az.: 9 Sa 853/01

## Sex-Bildungsurlaub

Das Arbeitsgericht Marburg hatte zu entscheiden, ob Bildungsurlaub auch für ein Seminar über Sexualität zu gewähren ist.

*Der Arbeitgeber hat für das Seminar »Die Liebe, die Liebe eine Himmelsmacht? – Sexualität und Beziehung im Spannungsfeld gesellschaftlicher Veränderungen und individuellen Glücksversprechen« Bildungsurlaub zu gewähren, da es nicht der privaten Fortbildung in bezug auf Sexualität, Liebe und Partnerschaft diente. Die im Seminar vermittelten Erkenntnisse in den Konfliktfeldern Familie und Gesellschaft sowie Geschlechterbeziehungen in Vergangenheit, Gegenwart und Zukunft betreffen Bereiche von großer gesellschaftspolitischer Bedeutung. Die provokative Fassung eines Seminarthemas allein berechtigt den Arbeitgeber nicht zur Ablehnung des Bildungsurlaubs. Er hat vielmehr vor einer Ablehnung die Pflicht, aufgrund des vom Arbeitnehmer vorzulegenden Programms zu prüfen, ob ein bildungsurlaubsfähiger Seminarinhalt iSd § 1 HBUG vorgesehen ist.* ArbG Marburg NZA-RR 1996, S. 451

**Lambada**

Ein heißer Tanz auf dem Betriebsfest hatte weitreichende Folgen:

Auf einem Betriebsfest am 09.09.1989 anlässlich des hundertjährigen Bestehens tanzte die Klägerin mit ihrem Freund einen Lambada. Zum Geschenk der Mitarbeiter an die Geschäftsleitung hatte die Klägerin zwar für sich, nicht aber für ihren Freund einen Beitrag gezahlt. Drei Tage später warf der Mitinhaber der Firma der Klägerin im Beisein mehrerer Personen vor, sie habe getanzt wie eine Dirne und sie sei eine Nassauerin.

Nach einem seelischen Zusammenbruch und zwei Wochen Arbeitsunfähigkeit kündigte die Klägerin am 19.09.1989 auf ausdrückliches Anraten ihres Arztes fristlos. Der Beklagte wertete dies als Arbeitsvertragsbruch und füllte die Arbeitsbescheinigung für das Arbeitsamt entsprechend aus. Die Klägerin erhielt folglich kein Arbeitslosengeld. Zum 01.11.1989 hatte die Klägerin eine neue Arbeitsstelle.

Die Klägerin verlangte ein Schmerzensgeld und Schadensersatz in Höhe des ihr bis zum 31.10.1989 entgangenen Bruttoentgeltes. Die Klage hatte Erfolg. Das Gericht kannte sich offenbar bestens mit Tänzen aus:

*Der Vorwurf eines dirnenartigen Tanzverhaltens ist auch objektiv falsch, da es im Bereich des Tanzsportes etliche Tänze mit Körperkontakt gibt. Zwar entspringt der Lambada einem südamerikanischen Fruchtbarkeitstanz, dies gilt aber auch für den älteren Samba und andere Tänze. Auch Tänze aus dem anglo-amerikanischen Bereich haben mitunter Bestandteile mit erotischem Bezug … Daß es sich bei dem Lambada-Tanz nach allgemeiner Auffassung nicht um ein unsittliches Verhalten handeln kann, ergibt sich auch daraus, daß gerade dieser Tanz vielfach bereits im Nachmittagsprogramm des öffentlich-rechtlichen Fernsehens (zu unterscheiden von den privatrechtlichen Medien) gezeigt wurde und wird …*

ArbG Bocholt BB 1990, S. 1562

## Sadomaso-Pfleger

Der Kläger arbeitet als Krankenpfleger auf der geschlossenen psychiatrischen Station einer Klinik. In einer Fernsehtalkshow bekennt er sich zu sadomasochistischen Sexualpraktiken. Ihm wird wegen befürchteter Übergriffe auf Patienten gekündigt. Das Arbeitsgericht hatte ein Herz für den Sadomasochisten und erklärte die Kündigung für unwirksam:

*Es ist auch nicht verständlich, wie der Beklagte darauf kommt, daß ein Mitarbeiter, der sexuellen Praktiken zuneigt, die von gesellschaftlich allgemein akzeptierten sexuellen Betätigungen abweichen, eher zu Distanzverletzungen neigt als Mitarbeiterinnen und Mitarbeiter, die sich im Rahmen des gesellschaftlichen Akzeptierten sexuell betätigen. Zwar ist nicht zu leugnen, daß sexuelle Dis-*

*tanzverletzungen und andere Distanzverletzungen in der Arbeit mit psychisch kranken Menschen ein Problem darstellen können, jedoch ist der Beklagte jegliche Begründung dafür schuldig geblieben, daß solche Distanzverletzungen bei Mitarbeiterinnen und Mitarbeitern vermehrt auftreten, die zu sadomasochistischen Sexualpraktiken in ihrem Privatleben neigen.*

*Die Kammer kann sich nicht des Eindrucks erwehren, daß es bei der Kündigung des Klägers weniger um die Frage einer realen Gefährdung der vom Kläger betreuten Patientinnen und Patienten geht als vielmehr um Einstellungsfragen. Menschen, die – insbesondere, was ihre Sexualität angeht – von dem abweichen, was gesellschaftlich allgemein als »normal« akzeptiert wird, wird häufig unterstellt, sie würden sich auch in ihrem sonstigen Verhalten nicht an die von der Gesellschaft vorgegebenen, sich im übrigen stets im Fluß befindlichen Regeln halten.*

*Ebenso wenig vermag die Kammer der Auffassung des Beklagten zu folgen, bei Sadomasochismus handele es sich um eine Krankheit, welche einer Weiterbeschäftigung des Klägers als Krankenpfleger auf einer psychiatrischen Station entgegenstehe. In der derzeit in Deutschland noch überwiegend verwendeten Diagnoseliste der internationalen Weltgesundheitsorganisation (ICD-9) kommt Sadomasochismus bei den sexuellen Verhaltensabweichungen und Störungen nicht vor.*

Eigentlich ist es doch löblich, wenn sich ein Arbeitnehmer in seiner Freizeit mit Techniken beschäftigt, die auch beruflich verwertbar sind. Seine vertieften Kenntnisse von Fesselspielen können bei der zwangsweisen Fixierung von Patienten bestimmt hilfreich sein.

ArbG Berlin NZA RR 2000, S. 244

# Glossar

## Deutsch – Juristisch

| | |
|---|---|
| anzüglich | unkeusch |
| blasen | Mundverkehr |
| erotisch | wollüstig |
| Exhibitionist | jemand, der sich in schamverletzender Weise entblößt |
| der Sex war freiwillig | der Geschlechtsakt geschah einvernehmlich bzw. im gegenseitigen Einverständnis |
| ficken | vulgärsprachlicher Ausdruck für die Ausübung des Geschlechtsverkehrs |
| fummeln | unzüchtige Berührungen der Geschlechtsteile, im Steigerungsfall der unbedeckten Geschlechtsteile |
| halbnackt | teilentblößt |
| Er/sie ist hässlich | Er/sie ist nur von mittlerer Anmut |
| Impotenz | Beiwohnungsunfähigkeit |
| jungfräulich | unbescholten |
| Kondom | zum unzüchtigem Gebrauch bestimmter Gegenstand |
| Er/sie hat Lust | sinnliche Begierde bestimmte sein/ihr Wollen |
| keine Lust haben | von seinem Grundrecht auf sexuelle Selbstbestimmung Gebrauch machen |
| Mann darf | der Antrag auf Besamungserlaubnis wurde bewilligt |
| Muschi | vulgärsprachlicher Ausdruck für *Vulva* |

| | |
|---|---|
| nackt | Person ist nach Entkleidung unverhüllt bzw. unbekleidet im Sinne von unbedeckt |
| onanieren | eine unzüchtige Handlung an sich selber vornehmen |
| Prostitution | gewerbsmäßige Unzucht |
| Puff | ein auf Gewinnerzielung gerichtetes Unternehmen, dessen Inhaber Personen zur Prostitution bereithält |
| schlafen, mit jemandem | jemandem beiwohnen; aus Sicht der Frau: die Beiwohnung gestatten |
| Schweinkram | Unzucht (alle sexuellen Dinge und Handlungen, die man besser bleiben lassen sollte) |
| schwul | widernatürliche Unzucht |
| Sittenstrolch | Sexualstraftäter |
| Ständer, einen haben | eine Erektion ausbilden |
| Striptease | Entkleidungstanz |
| verführen | das Opfer durch Erregung sinnlicher Begierde zum Beischlaf geneigt machen |
| vögeln | Vollzug des Beischlafs |
| vorgetäuschter Orgasmus | Vorspiegelung falscher Tatsachen |
| wichsen | am eigenen Geschlechtsteil manipulieren |
| Zuhälter | eine männliche Person, welche von einer Frauensperson, die gewerbsmäßig Unzucht treibt, unter Ausbeutung ihres unsittlichen Erwerbs den Lebensunterhalt bezieht |

# Abkürzungsverzeichnis

| | |
|---|---|
| Abs. | Absatz |
| a.F. | alte Fassung |
| AfP | Archiv für Presserecht |
| AG | Amtsgericht |
| ArbG | Arbeitsgericht |
| ArbuR | Arbeit und Recht |
| AUB | Allgemeine und Besondere Unfallbedingungen |
| Az. | Aktenzeichen |
| BayObLG | Bayerisches Oberstes Landesgericht |
| BB | Der Betriebsberater |
| BeschSchG | Gesetz zum Schutz der Beschäftigten vor sexueller Belästigung am Arbeitsplatz |
| BetrVG | Betriebsverfassungsgesetz |
| BFH | Bundesfinanzhof |
| BFHE | Sammlung der Entscheidungen des BFH |
| BGB | Bürgerliches Gesetzbuch |
| BGB-RGRK | Das Bürgerliche Gesetzbuch, Kommentar, herausgegeben von Mitgliedern des Bundesgerichtshofs |
| BGH | Bundesgerichtshof |
| BGHR | BGH-Rechtsprechung Strafsachen |
| BGHSt | Entscheidungen des Bundesgerichtshofs in Strafsachen |
| BGHZ | Entscheidungen des Bundesgerichtshofs in Zivilsachen |
| BpatG | Bundespatentgericht |
| BpatGE | Entscheidungen des Bundespatentgerichts |
| BSG | Bundessozialgericht |

| | |
|---|---|
| BverwG | Bundesverwaltungsgericht |
| BVerwGE | Entscheidungen des Bundesverwaltungsgerichts |
| DÖV | Die Öffentliche Verwaltung |
| DWW | Deutsche Wohnungswirtschaft |
| FamRZ | Zeitschrift für das gesamte Familienrecht |
| GewO | Gewerbeordnung |
| GG | Grundgesetz |
| GRUR-RR | Gewerblicher Rechtsschutz und Urheberrecht Rechtsprechungs-Report |
| HBUG | Hessisches Bildungsurlaubsgesetz |
| i.S. d. | im Sinne des |
| i.S. v. | im Sinne von |
| JuS | Juristische Schulung |
| LAG | Landesarbeitsgericht |
| LG | Landgericht |
| LSG | Landessozialgericht |
| MDR | Monatsschrift für Deutsches Recht |
| n.F. | neue Fassung |
| NJW | Neue Juristische Wochenschrift |
| NJWE-FER | NJW – Entscheidungsdienst für Familien- und Erbrecht |
| NJW-RR | NJW – Rechtsprechungs-Report Zivilrecht |
| Nr. | Nummer |
| NstE | Neue Entscheidungssammlung für Strafrecht |
| NStZ | Neue Zeitschrift für Strafrecht |
| NStZ-RR | NStZ-Rechtsprechungs-Report Strafrecht |
| NVwZ | Neue Zeitschrift für Verwaltungsrecht |
| NZA | Neue Zeitschrift für Arbeitsrecht |

| | |
|---|---|
| NZA-RR | NZA-Rechtsprechungs-Report Arbeitsrecht |
| OAG | Oberamtsgericht |
| OLG | Oberlandesgericht |
| OLGR | OLG-Rechtsprechung: Rechtsprechung der OLG und LG zum Zivilrecht |
| OVG | Oberverwaltungsgericht |
| OWiG | Gesetz über Ordnungswidrigkeiten |
| PatR | Patentrecht |
| RGSt | Entscheidungen des Reichsgerichts in Strafsachen |
| RGZ | Entscheidungen des Reichsgerichts in Zivilsachen |
| Rn. | Randnummer |
| RuS | Recht und Schaden |
| RV | Die Rentenversicherung |
| S. | Seite |
| SAR | Sozialhilfe- und Asylbewerberleistungsrecht |
| SGB | Sozialgesetzbuch |
| StGB | Strafgesetzbuch |
| UstG | Umsatzsteuergesetz |
| VersR | Versicherungsrecht |
| VG | Verwaltungsgericht |
| VGH | Verwaltungsgerichtshof |
| ZfS | Zeitschrift für Schadensrecht |
| ZUM | Zeitschrift für Urheber- und Medienrecht |
| ZUM-RD | ZUM-Rechtsprechungsdienst |